홍차가 더 좋아지는 시간

홍차가 더 좋아지는 시간

지은이 포도맘 이유진
펴낸이 임상진
펴낸곳 (주)넥서스

초판 1쇄 발행 2017년 6월 20일
초판 2쇄 발행 2017년 6월 25일

출판신고 1992년 4월 3일 제311-2002-2호
10880 경기도 파주시 지목로 5
Tel (02)330-5500 Fax (02)330-5555

ISBN 979-11-6165-022-7  13590

출판사의 허락 없이 내용의 일부를
인용하거나 발췌하는 것을 금합니다.

가격은 뒤표지에 있습니다.
잘못 만들어진 책은 구입처에서 바꾸어 드립니다.

www.nexusbook.com

넥서스BOOKS는 넥서스의 실용 전문 브랜드입니다.

홍차와 어울리는 예쁜 그릇
티 푸드 · 플라워 · 소품

# 홍차가
# 더 좋아지는
# 시간

포도맘 이유진 지음

넥서스BOOKS

저에게 차는 일상이에요.
그래서 제 입으로
"나는 차를 좋아해."라고 말하기가
참 새삼스럽고 어색하네요.

혼자서 보내던 티타임을
어느새 아이들과 함께 보내게 되었고,

매일 비슷하던 티타임을
지금은 저만의 티파티를 통해
소중한 지인들과 함께 나누게 되었어요.

차를 안다는 것은
단지 차 하나를 얘기하는 게 아니에요.
티타임, 티 푸드, 티 테이블, 도자기, 플라워,
그리고 더 많은 것….

어렵게 생각할 것도 없고
부담스러워할 것도 없어요.
그저 차를 마시면서
음미하고 행복해하면 돼요.

음….
먼저 제 이야기부터 할까요?
제가 좋아하는 빈티지 찻잔을
보여드릴게요.
아.

일단,
홍차부터 마시고 시작할까요?

## Prologue

### 포도맘의 가치와 취향을 담은 일상 티타임

차가 일상이 된 지 10년이 넘었다. 뱃속에서부터 엄마와 함께 차를 마시던 아이가 이제 막 10대에 들어섰으니 말이다. 10년간 나는 늘 혼자서, 그리고 또 함께 차를 마셨다. 내면의 나를 마주하며 마시는 차가 좋았고, 가족들과 도란도란 이야기를 나누며 마시는 차가 좋았다. 혹은 한 테이블에 앉아 각자 할 일에 몰두하며 마시는 차가 좋았고, 할리갈리와 같은 보드게임을 하며 왁자지껄 깔깔대며 마시는 차도 좋았다. 그렇게 특별한 의식이며 힐링과도 같았던 차는 나에게 있어, 아이들에게 있어, 우리 가족에게 있어 매일의 삶 속에서 늘 동반되는 너무나 자연스럽고 없어서는 안 될 일상이 되었다.

이번 책에 담고 싶었던 내용은, 나 홀로 누리는 혹은 아이들과 함께 나누는 일상의 차이다. 특히 10년이라는 긴 시간 동안 엄마와 함께 티타임을 가지며 다양한 차와 차 문화를 접하면서 그것이 특별하다는

사실조차 인식하지 못한 채 차가 일상이 된 나의 아이들을 보며, 좋은 것을 더 많은 사람과 같이 누리고 싶다는 생각 때문이었다. 더불어 차와 함께 향유할 수 있는 나의 티타임을, 나의 티 테이블을, 그리고 나의 일상을 더욱 풍요롭게 하는 여러 가지 요소들도 함께 말이다.

엄마와 아이들 간의 정서적 교감이 중요하다는 것을 모르는 부모는 없다. 참 쉬운 말처럼 들리지만, 디지털 문명이 깊숙하게 자리한 요즘 같은 세상에서는 그런 시간을 마련하고, 그런 시간을 유지한다는 것이 마냥 쉬운 일은 아니다. 차가 일상이 되면, 자연스레 아이들과 함께하는 시간이 늘어나고, 그 시간만큼 함께 나누는 이야기가 늘어난다.

모든 사회생활의 기본은 가족이라는 걸 잘 알기 때문에 가족에게 최선을 다하려고 노력하지만 항상 부족함을 느낀다. 하지만 적어도 이것 하나만큼은 잘했노라고 스스로를 칭찬할 수 있는 것이 바로 아이들과의 티타임이다. 아침에 일어나 학교에 가기 전에, "엄마 차 한 잔 주세요."라고 자연스럽게 말하는 첫째, 차 없이는 간식을 먹을 수 없다는 둘째. 아이들은 엄마가 차를 우리는 동안 차를 기다리며 좋아하는 책을 읽거나 종이와 색연필을 들고 와 그림을 그린다. 내가 큰 테이블을 포기할 수 없는 가장 중요한 이유 중 하나이다. 함께 차를 마시며 시간을 나누는 곳이기에···.

단 한 잔의 차가 나의 일상을, 더불어 나의 인생을 바꾸어 주었다. 그런 나의 일상의 차 이야기를 더 많은 사람이, 더 많은 가족이 서로 함께 행복하고, 서로 함께 많은 것을 나눌 수 있기를 바라는 마음으로 이곳에 나눈다.

이런 나의 일상에 늘 조용히 동참해 주는 나의 첫사랑이자 마지막 사랑인 나의 남편과 엄마와 함께 기꺼이 일상을 나누어 주는 늘 고마운 나의 딸 기연이와 사랑스러운 아들 기준이에게 이 책을 바친다.

## Contents

Prologue 포도맘의 가치와 취향을 담은 일상 티타임     8

### 🌿 차茶가 좋다

| | |
|---|---|
| 차 한 잔으로 떠나는 여행 \| 티 브랜드 | 16 |
| 소중한 이들과의 행복한 시간 \| 일상 티파티 | 22 |
| 작지만 큰 행복 \| 우리 동네 티타임 | 28 |
| 행복한 추억 \| 아이랑 티타임 | 34 |
| 일상찻집 \| 홍차 클래스 | 40 |
| 홍차의 샴페인 \| 다즐링 예찬 | 46 |
| 차와 함께 찾아오는 \| 계절의 변화 | 52 |
| 차의 맛과 향을 즐기다 \| 테이스팅 | 58 |

## 🌿 그릇이 좋다

소박하고 편안한 | 영국 빈티지 찻잔 컬렉션      66

여성스럽고 아름다운 | 프랑스 빈티지 찻잔 컬렉션      72

세월의 흔적을 담은 | 세계의 빈티지 찻잔 컬렉션      78

아이를 위한 | 데미타스      84

엄마의 손길처럼 따스한 | 빈티지 밀크 글라스      90

심플하고 세련된 | 북유럽 그릇      94

스토리가 느껴지는 | 빈티지 티포트      100

투박한 멋 | 도자기 그릇      106


## 🌿 꽃이 좋다

보고만 있어도 행복해지는 | 꽃을 배우다      114

하루가 향긋해지는 | 꽃 시장      120

꽃이 주는 마법 같은 즐거움 | 파티 그리고 꽃      126

꽃을 사랑한 | 아이들      132

내게 너무 특별한 | 플라워 클래스      136

오래 곁에 두고 보는 | 꽃 관리법      142

## 홈 카페가 좋다

| | |
|---|---|
| 로열 밀크티 & 스콘 | 150 |
| 치아바타 샌드위치 & 아이스 더치커피 | 154 |
| 로셰 & 비알레티 모카 포트 아메리카노 | 158 |
| LA 찹쌀 케이크 & 사이펀 커피 | 162 |
| 마들렌 & 핸드 드립 커피 | 166 |
| 토르티야 데 파타타 & 카페 콘 레체 | 170 |
| 애플 케이크 & 애플 티 | 174 |
| 열무 베이컨 오일 파스타 & 과일 아이스티 | 178 |
| 멜론 콘 하몬 & 상그리아 | 182 |
| 망고 퀴노아 샐러드 & 나폴리타나 커피 | 186 |
| 에그 도사 & 인도식 짜이 | 190 |

## 🌿 소품이 좋다

| | |
|---|---|
| 테이블을 빛내는 \| 티타임 소품 | 196 |
| 매일매일 들어도 질리지 않는 \| 패브릭 가방 | 202 |
| 주부의 특권 \| 앞치마 홀릭 | 208 |
| 내가 아끼고 좋아하는 \| 리넨 행주 | 212 |
| 분위기에 따라 다른 옷 \| 테이블보 | 216 |
| 일상에 위트를 더하는 \| 캐릭터 소품 | 222 |
| 그 밖에 애정어린 \| 소품들 | 226 |

## 🌿 그녀들의 취향이 좋다

| | |
|---|---|
| 플라워 케이크 그녀 \| 봉봉케이크 | 234 |
| 도자기 그녀 \| 신경희 작가 | 240 |
| 건강한 비누 그녀 \| 로하솜 | 246 |
| 패브릭 그녀 \| 네르하 순 | 252 |
| 티 블렌딩 그녀 \| 이유주 선생님 | 258 |
| 힐링 테이블 그녀 \| 베지어클락 | 262 |
| 초콜릿 그녀 \| 나니스쇼콜라 | 266 |
| 꽃 그녀 \| 아뜰리에 슈크레 | 272 |

**취향
하나**

Everyday tea life

# 차茶가 좋다

가족과 친구들과 함께하는 티타임, 티파티, 홍차 클래스…. 차와 함께하는 평범한 듯 특별한 나의 일상. 매일 서로 다른 이야기로 펼쳐지는 찻자리 속 이야기, 나의 일상 찻집으로 초대합니다.

차 한 잔으로 떠나는 여행

티 브랜드

　나에게 차는 일상이다. 특별할 것 없는 평범하고 편안한 일상. 차 한 잔이 주는 여유는 그렇게 특별하지 않은 듯, 나의 일상을 특별하게 만들어 준다. 마법과도 같은 차를 만나서 일상이 되기까지, 늘 내 곁에서 나와 함께 해 준 것은 바로 티 브랜드이다. 영국, 프랑스, 일본, 독일, 대만… 각 나라를 대표하는 브랜드의 차를 만나 보면, 그 나라의 분위기가 느껴진다. 홍차를 처음 좋아했을 때만 해도 우리나라에서는 다양한 브랜드를 만나 보기 어려웠지만, 지금은 한국 자체 브랜드뿐만 아니라 다양한 수입 브랜드를 통하여 미각의 욕구를 한껏 충족시킬 수 있다.
　사실 대중이 차를 만날 수 있는 경로는 '브랜드'밖에 없다 해도 과언이 아니다. 직접 그 나라의 다원을 찾아가거나 어느 나라, 어느 다원에서 일하는 사람을 개인적으로 알지 않는 한, 차를 구입하는 일은 브랜드가 대신해 준다. 브랜드가 차를 선별하여 대중 앞에 선보이면, 대중은 그중 마음에 드는 것을 쉽게 선택하고, 마실 수 있다. 브랜드가 없었다면 차를 선택하고 구입하는 일도 분명 녹록지 않았을 것이다. 마치 지금 우리나라에서 '오설록'의 차를 마셔 본 사람은 많지만, 제주의 어느 다원 차를 마셔 본 사람은 많지 않은 것과 같다. 심지어 제주의 어느 다원 차로 오설록의 차를 만들었다 해도, 사람들은 '오설록'의 차만 기억할 뿐이다. 그만큼 티 브랜드가 대중에게 미치는 영향이 크다. 차를 모르는 사람도, 차를 좋아하는 사람도, 티 브랜드의 선택을 믿고 브랜드의 차를 골라 든다.

  진중하고 모범적인 영국 브랜드의 차들도 좋아하지만, 개인적으로 프랑스의 브랜드를 참 좋아한다. 우리나라에 수입된 떼오도르 The O Dor 나 마리아주 프레르 Mariage Frères, 니나스 Nina's, 포숑 Fauchon, 에디아르 Hediard 와 같은 브랜드 말이다. 혹은 프랑스풍을 쫓아 가는, 영국에서 시작해 미국으로 넘어간 벨로크 티 Bellocq Teas 나 스페인의 산스 앤 산스 Sans & Sans, 인도의 산차 Sancha 를 좋아한다. 프랑스의 브랜드는 특히 유혹적이다. 고급스러운 포장으로 유혹하고, 갖가지 향으로 유혹하고 특히 차의 좋은 품질로 유혹한다. 편안하게 매일매일 마실 수 있는 차보다는 조금은 격식 있게, 조금은 특별하게 마실 수 있는 차를 리스트에 올려 두고 있다.

  뿐만 아니라 프랑스의 차는, 동양의 차를 극히 동경하며 그들의 차를 통해 미지의 세계로 여행을 떠나고자 한다. 그런 멋스러움과 감성이 담긴 프랑스 브랜드는 하나같이 내 마음에 쏙 들곤 했다. 그들이 골라 담은 다원의 차, 어느 대륙의 차, 그리고 그들이 심사숙고해서 블렌딩하고 향을 입힌 가향차(찻잎에 말린 꽃, 허브, 과일 등을 섞은 것)들도. 향기의 마법이 무엇인지 아는 그들의 차는 어쩜 이리도 매혹적일까. 찻잎 본연의 향 대신 무언가 향을 더한 차를 강하게 거부하던 사람도 프랑스의 가향차를 만나 보면 마음이 흔들리곤 한다.

  변해 가는 브랜드의 모습을 지켜보는 재미도 쏠쏠하다. 브랜드의 패키지부터 신상품, 네이밍…. 해가 바뀔수록 달라지는 그들의 태도와 그들의 차

1 떼오도르 The O Dor
2 마리아주 프레르 Mariage Frères
3 포숑 Fauchon
4 에디아르 Hediard
5 벨로크 티 Bellocq Teas
6 산차 Sancha

# Delightful teatime

1 산스 앤 산스Sans & Sans의 554번 사쿠라
No554 Sakura
일본 녹차와 벚꽃이 만나 달콤하고 향긋한 봄을 선사해 준다.

2 꼼빠니 꼴로니알Compagnie Coloniale의
콰트르 프루츠 루지즈 Quatre Fruits Rougess
중국 홍차에 붉은 과일 가향, 라즈베리 조각이 더해진 달콤하고 기분 좋은 차다.

를 골라 들며, 다른 이들의 시각으로 만든 다양한 차를 만나 본다. 브랜드라는 것이 한정적이라고 느낄 수 있지만 생각보다 다양한 나라, 다양한 지역의 차를 만날 수 있다. 어쩌면 인생에서 다양한 사람을 만나는 것과 같다. 차에 대한 서로 다른 가치관을 지닌 브랜드, 그리고 그 브랜드가 내세우는 차와의 만남.

 세상에 수많은 차가 존재하는 만큼 수많은 티 브랜드가 존재한다. 수백 년의 전통을 지닌 브랜드부터, 지금 이 순간에도 새로 생겨나는 브랜드까지. 브랜드의 분위기, 가치관, 그리고 티 캐디 Tea Caddy 의 색감과 디자인, 티백의 종류, 찻잎, 블렌딩의 요소까지…. 그 다양함이 주는 즐거움은 다이내믹하기까지 하다. 나는 어쩌면 프랑스의 홍차 브랜드처럼 차를 통해서 여행의 욕망을 채워 가는지도 모른다. 차 한 잔을 통해 여행을 떠나며, 새로운 사람을, 아니 새로운 차를 만나는 것이다. 그래서 나의 차 여정에는 언제나 티 브랜드가 함께 한다.

소중한 이들과의
행복한 시간

일상 티파티

'일상찻집'이라 불리는 나의 공간에서는 한 달에 한 번, 일상 티파티Tea Party가 열린다. 티파티라는 단어에서 느껴지는 로망을 그대로 담아내는 시간이다. 향긋한 차와 예쁜 찻잔, 플레이트Plate, 분위기를 화사하게 만들어 주는 꽃, 그리고 달콤한 티 푸드가 함께하는 자리다. 그리고 무엇보다 중요한 건, 파티에 참여하는 사람들과의 작은 소통이다. 영혼이 없는 파티는 의미가 없다. 정해진 멤버와 정기적인 모임을 하는 일상 티파티는 일회적인 만남보다는 서로를 조금씩 더 알아 가고, 인연을 소중히 하고자 하는 마음으로 시작했다.

티파티를 시작하면서 가장 큰 변화는 찻잔, 티포트, 플레이트부터 파티를 위한 자잘한 소품들과 꽃에 더 큰 관심을 두게 되었다는 점이다. 누군가를 위해 티파티를 준비한다는 것은 단순한 티 테이블 세팅과는 다르다. 매번 분위기에 어울리는 티 푸드를 준비하고 그와 잘 어울릴 법한 차를 순서대로 배치하는 것, 계절의 흐름을 이해하고 그 분위기를 담아내는 것이다. 티파티란, 그리고 티파티를 위한 테이블 세팅이란, 그야말로 종합 예술이 아닌가 싶다.

　티파티를 열 때면 매번 테마를 정한다. 봄, 여름, 가을, 겨울을 활용한 계절별 테마도 있고 크리스마스와 부활절, 생일이나 기념일 등 특별한 테마도 있다. 동심, 추억, 사랑 등 감성 가득한 감정을 테마로 하는 날도 있다. 테마가 정해지면 그에 맞추어 찻잔을 선택한다. 찻잔의 브랜드와 색상, 형태를 살펴보고 그날의 테마와 가장 잘 어울리는 것으로 고르면 된다. 그리고 차례대로 테이블 클로스, 플레이트, 커틀러리 등을 고른 다음 테마와 색감이 어울리는 센터피스를 준비한다. 가끔은 센터피스를 만들기도 하지만, 꽃을 사 와서 다듬어 꽂아 두는 것도 자연스럽고 훌륭하다. 계절감이 느껴지는 소재를 활용해서 매번 느낌이 다른 센터피스를 주문하기도 하는데, 나의 모든 요청을 센스 있게 담아내는 건 플라워 숍 쏠레이의 꽃 선생님이다. 늘 마음에 쏙 드는 센터피스를 완성해 주거나, 분위기와 어울리는 꽃을 골라 주신다. 모든 걸 나 혼자의 힘으로 해내기보다는, 가끔 이렇게 전문가의 조언을 참고하는 것도 큰 도움이자 동시에 공부가 된다.

　센터피스와 소품이 정해지면 가장 중요한 차와 티 푸드가 남아 있다. 주제와 어울리는 차를 지루하지 않게 배열하여 순서를 정한다. 차를 선택하는 일은 가장 어렵고 또 즐거운 일 중 하나다. 포도맘네 일상 티파티에서는

쉽게 구할 수 있는 흔한 차보다는 구하기 힘든 중국차나 수입되지 않는 고급 브랜드의 차, 혹은 인도에서 공수한 다원의 다즐링 등 최상급의 차로 준비한다. 파티에 초대받은 멤버들이 특별함을 마음껏 즐길 수 있도록 말이다.

  티 푸드 역시 건강한 재료로 직접 만들거나 건강하고 정직한 재료로 만드는 베이커리에서 구입해 준비한다. 거리상의 이유로 빵집 시오코나의 티 푸드를 많이 사 오는 편이지만, 판매하지 않아 쉽게 맛보기 힘든 개인 파티시에에게 따로 주문하는 경우도 있다. 포도맘네 일상 티파티는 모든 걸 특별

10월의 어느 날 함께했던 가을날의 티파티

하게, 그리고 또 건강하게 준비한다.

 찻잔은 늘 한 조씩만 모으던 나의 룰이 깨진 것은 티파티를 시작하면서부터다. 색깔별로, 브랜드별로, 뭔가 마음에 와닿는 찻잔은 6조를 구입하고 디저트 플레이트와 티포트까지도 구하게 되는 것. 일명 '세트병'이라고나 할까. 그런 욕심을 불러일으킨 것이 바로 티파티다. 매번은 아니더라도 가끔 한 번씩은, 완벽하고 온전하게 세트로 구성된 테이블의 조화를 보며 감탄하고 싶은 욕심이 생겼다.

 그렇게 해서 세트로 구입한 찻잔들이 몇 개 있다. 파스텔 톤의 야리야리한 장미꽃 잎 그림이 봄에 잘 어울리는 웨지우드 Wedgwood의 인디아 로즈 India Rose. 볼 때마다 봄날처럼 사랑스러워, 늦은 봄이나 초여름에 꼭 한 번씩 꺼내게 되는 세트. 무얼 담아내도 봄처녀처럼 수줍고 싱그러운 향기를 느끼게 해 준다. 여름에는 푸른색 노리다케 Noritake의 블루 오차드 Blue Orchard나 웨지우드의 애플도어 Appledore를 꺼내면 테이블 위에 푸른 바다와 하늘이 펼쳐진 것 마냥 시원한 티타임을 즐길 수 있다. 낙엽을 닮은 브라운 톤의 바바리아 티 세트로 가을 감성에 마음껏 젖어 들고, 화이트와 골드가 어우러지는 파라곤 Paragon의 아테나 Athena로 싸늘한 겨울 테이블에 화사함을 더해 준다.

　그 외에 6조가 되지 않는 수많은 찻잔은 비슷한 브랜드나 비슷한 느낌의 찻잔들끼리 모아 정리해 두었다. 예를 들면 가장 아래 칸에는 아라비아 핀란드 Arabia Finland를 비롯한 묵직한 북유럽의 찻잔들이 자리를 차지하고 있다. 그 윗 칸은 블루&화이트, 그리고 화이트&골드의 찻잔들, 그 윗 칸은 폰테사 Pontesa의 찻잔들, 그 위 칸은 꽃무늬와 금빛 테두리로 장식된 영국제 찻잔들, 그리고 하빌랜드 Haviland와 바바리아가 있다. 가장 위쪽에는 수지 쿠퍼 Susie cooper의 각종 잔이 들어가 있다. 이렇게 비슷한 부류의 찻잔들로 구분하면 손님이 오시거나 티파티를 열 때 찻잔을 믹스 매치하기가 훨씬 수월하다. 믹스 매치의 티 테이블이라고 해서 마구잡이로 찻잔을 꺼내는 것보다는 분위기나 브랜드, 색감 등이 비슷한 찻잔을 꺼내어 올려 두면 훨씬 정돈되고 세련된 테이블을 꾸밀 수 있다.

　특별하면서도 편안한 시간을 나누고 싶다. '일상 티파티'라는 이름을 붙인 것도 그 이유 때문이다. 티파티라는 이름이 주는 모든 설렘과 특별함을 누리되 일상이라는 이름처럼 자연스럽고 편안하기를. 포도맘네 일상 티파티는 늘 진행형이다.

작지만 큰 행복

## 우리 동네 티타임

    나에게 차를 마신다는 것은 그저 일상일 뿐이다. 하지만 보는 이에 따라서는 사치를 누린다는 뜻으로 해석되기도 한다. 화려한 찻잔과 티 캐디, 서양의 귀족적인 문화를 따라 하는 사치스러운 감성. 하지만 부정적인 시선을 가진 이들이든, 그렇지 않은 이들이든 차의 매력을 알게 되면 곧 차와 티타임에 빠져들기 마련이다. 우리 동네에는 자연스레 내게 차를 우려 주는 사람들이 있다. 티 푸드를 만들고, 꽃을 사 오고, 티타임을 준비해 주는, 그런 다우 말이다.

    우리나라에는 아직 차 문화를 즐기는 사람들이 많지 않다. 분명히 예전보다 차를 즐기는 인구가 늘어났지만 아직 우리나라 사람들은 차보다는 커피를 더 많이 마신다. 간편한 머그잔 하나면 즐길 수 있는 커피 문화에 익숙한 우리나라 사람들에게는 화려하고 고급스러운 찻잔이나 티포트, 낯설고 어려운 차 이름이 '부담', '번거로움', 혹은 '허세'로 다가오기 마련이니까.

아이들 때문에 자연스럽게 어울리게 되는 동네 동생들, 친구들, 혹은 언니들에게 처음 차라는 것을 대접했을 때는 다들 신기하다는 반응이었다. 조금은 낯선, 하지만 동경할 만한 차 문화에 관심을 두는 이들도 있었고 부담을 느끼며 거부반응을 갖는 사람도 물론 있었다. 하지만 대체적으로는 '차'라는 것에 큰 호기심을 보였다. '차' 자체를 좋아하며 다양한 차를 만나 보고 싶어 하는 사람도 있었고 빈티지 찻잔과 플레이트, 2단 트레이 같은 홍차 다구에 관심을 보이는 사람도 있었다. 혹은 그냥 차를 우려내고 차를 따라 주는 의식 같은 '티타임' 자체를 좋아하는 사람도 있었다. 하지만 분명한 것은 각자 조금은 다른 이유와 다른 관심사로 차 문화에 젖어 들었다는 사실이다.

정성스레 차를 우리고 상대방의 찻잔을 채워 주는 행위는 받는 사람으로 하여금 대접받는다는 기분이 들게 한다. 대접받는 이들은 결코 상대방을 깎아내리지 않는다. 상대방이 올라갈수록 나 역시도 올라가는 것이다. 모든 인간관계는 그렇다. 그렇게 나의 차 한 잔에 물들어 가는 이들이 있었고,

신기하게도 나의 첫 번째 책 제목처럼 꼭 그렇게 4시가 되면 우리는 함께 홍차에 빠져들었다.

 모든 사람이 나처럼 차를 좋아하고 차를 마시길 원하지는 않지만, '차 문화'라는 세계를 알려 주고 싶었다. 나와는 전혀 동떨어진 세계에 사는 이들이라도 차 한 잔을 즐기는 여유와 화려함을 좋아했기 때문이다. 엄마로서, 아내로서, 어쩔 수 없이 나 자신을 잃고 살아가는 여자들에게 작은 탈출구와 힐링을 선사해 주고 싶었다. 그들도 여자이기에 나의 작은 감성으로 그들의 감성을 건드려 주고 싶었다.

 그래서 지금은 친한 동네 친구들과 모이면 늘 차를 마신다. 집에서는 가족들과 친구들에게 나 혼자 차를 우려 대접하지만, 친구 집에 놀러 가면 친구가 차를 우려 주고 티 푸드를 예쁘게 담아 주고, 심지어 꽃을 선물해 주기도 한다. 클래식을 즐겨 듣는 나의 취향이 누군가의 BGM을 클래식으로 변화시킨다. 퍽퍽한 일상 속 작은 감성, 감성이 돌고 도는 일은 참으로 좋지 않은가. 나의 차 한 잔으로 주변 사람들이 달라지는 걸 보면, 나의 감성은

더욱 채워진다.

　세상에서 가장 현명한 아빠는 아내를 행복하게 해 주는 사람이라는 말이 있다. 엄마가 행복해야 아이들도 행복해지니까. 이렇게 엄마가 조금 더 행복해지면, 그리고 조금 더 여유를 찾게 되면 결과적으로 우리 가정이, 우리 사회가, 우리나라가, 더 행복해지지 않을까? 차 한 잔에 작은 소망을 담아본다. 조금 더 좋은 엄마, 좋은 아내, 좋은 여자가 되기 위해 차 한 잔을 마시며 마음 다스리기. 작지만 큰 행복이자, 마법이다.

### Tip

각각의 차마다 맛있게 우리는 골든 룰이 있지만 골든 룰이란 개인의 취향이나 입맛에 따라 달라지기 마련이다. 이런 저런방법으로 자꾸만 마셔 봐야 본인의 골든 룰을 찾을 수 있다. 사람도 자꾸 만나면 친해지듯이 차도 자꾸 마셔야 친해진다.

행
복
한

추
억

## 아이랑 티타임

"엄마, 차 한 잔 마셔요."

우리 아이들은 차를 마시자는 말을 자주 한다. 첫째도 둘째도 뱃속에서부터 차를 마셔 왔기 때문에, 차를 마시는 일이 자연스러울 수밖에 없다. 아이들은 오늘은 어떤 차를 마실지 차의 종류를 고르고, 그날 기분에 따라 찻잔을 고르고, 차를 우려내는 시간을 기다리며 엄마가 어떤 티 푸드를 준비했을지 두근거리는 마음으로 기다릴 줄 안다.

때로는 차보다 티 푸드에 탐닉하기도 하고, 때로는 차가 너무 맛있다며 차에 탐닉하기도 하고, 때로는 먹고 마시는 일보다는 수다에 탐닉하기도 한다. 때로는 각자 책을 하나씩 들고 말 한마디 없이 독서에 탐닉하기도 하고, 카드 게임이나 그림 그리기에 탐닉할 때도 있다. 하지만 중요한 건 늘 차 한 잔이 함께 있다는 사실이다.

대부분 엄마는 카페인이 있는 차를 아이들이 마셔도 되느냐고 놀라며 묻는다. 하지만 아이들이 먹는 초콜릿, 심지어 콜라에도 카페인은 들어 있다.

1 아이들에게 스스로 차를 우리고 따를 기회를 주면, 아이들은 작은 성취감을 느낀다.
2 에스프레소 커피를 마시는 데미타스는 아이와 티타임 찻잔으로 활용한다. 크기가 작아 아이들이 잡기도 좋고, 차가 빨리 식어 마시기도 좋다.

우리나라와 가까운 중국, 대만이나 일본에서는 물 대신 차를 내어 준다. 차에 들어 있는 카페인은 생각보다 미미하다. 물론 과하게 마시면 좋지 않지만, 하루에 한두 잔이라면 아이들이 못 마실 정도는 아니라는 것이다. 카페인에 대한 걱정이 사라지지 않는다면 루이보스차처럼 카페인이 없으면서 다양한 효능을 지닌 차를 골라 마시는 것도 방법이다.

난 아이들에게 홍차, 녹차, 우롱차, 루이보스차, 백차 등 다양한 차를 접하게 해 주려 한다. 녹차는 일반적으로 비타민C가 풍부해서 아이들에게 좋다고 알려졌지만 카페인의 함량도 적진 않아 이른 아침 티타임을 즐길 때 종종 선택하곤 한다. 우리 아이들은 특히 우롱차를 좋아하는데, 중국이나 대만의 우롱차가 워낙 다양하다 보니 우롱차만으로 한 달 동안 티타임을 내리 한 적도 있다. 다양한 차를 접한 아이들은 차의 종류와 이름을 기억해 두었다가 어느 날 문득 우려 달라고 하기도 한다. 그날 마신 차의 엽저 Leaf base를 말려 노트에 붙여 놓고 이름을 기록하게 했더니, 그 재미에 빠져 차를 마시자고 한 날도 있다.

아이의 눈높이에 맞추다 보니 주로 데미타스 Demitasse나 중국의 작은 찻잔을 사용한다. 데미타스는 작은 크기에 손잡이까지 있어 아이들이 차를 마시기에 더없이 좋은 찻잔이다. 일단 녹차를 제외하고는 대부분의 차가 뜨거워서 아이들에게 줄 때는 찬물을 살짝 섞는다. 워낙 미각이 순수하고 발

달해 있는 아이들이라 조금 밍밍한 차도 맛나게 즐긴다. 큰딸은 그날 기분에 따라 큰 찻잔에 차를 마시기도 하는데, 둘째 아들 녀석은 무조건 작은 찻잔을 선호한다. 마치 뭐라도 아는 것처럼 중국 찻잔을 가장 좋아한다. 조금 식힌 차를 중국 찻잔에 담아 주면, 어찌나 맛깔스럽게 들이키는지!

　차를 우릴 때도 다양한 도구를 사용하는 편이다. 물론 일반 티포트도 사용하지만, 누르면 간편하게 찻잎은 걸러지고 우려낸 찻물만 아래로 떨어지는 표일배를 자주 사용한다. 누르면 찻물이 내려오는 게 그리 신기한지, 서로 누르겠다고 난리다. 작은 사이즈로 구성된 여행용 다관 세트도 아이들이 좋아하는 티포트 중 하나이다. 찻잎을 약간 넣어 주고 우려 마시라고 하면 스스로 한다는 생각에 들떠서 즐거워한다. 또 한 가지는 신지카토의 왕자님과 백설공주 티포트이다. 몸과 얼굴이 분리되어 얼굴은 찻잔으로 사용할 수 있다. 보는 것만으로도 재미있어 아이들이 참 좋아한다. 물론 아이들과 함께하는 티타임이지만, 평소처럼 차판 위에서 개완(중국에서 사용하는 차를 우리는 다기 겸 찻잔)이나 자사호(중국 의흥 지역의 자사를 이용해 만든 중국식 티포트)에 차

를 우려 마시는 것은 일상이다. 하지만 가끔은 아이들의 눈높이에서 조금 더 다양하고 재미난 찻자리를 보여 주는 건 찻자리 하나로 다양한 경험을 하게 해 주고 싶은 엄마의 마음일지도 모르겠다.

아이들과의 티타임에는 일부러라도 티 푸드를 조금씩 준비한다. 차만으로도 아주 훌륭하지만, 아이는 아이인지라 엄마가 어떤 신기하고 달콤한 티 푸드를 준비해 주는지 기대한다. 마카롱처럼 알록달록하고 달콤한 티 푸드는 어쩌다 하나로 제한되지만, 마카롱을 먹을 수 있는 날은 아이들에게 크리스마스처럼 두근두근 콩닥콩닥, 설렐 게 분명하다. 꼭 서양식이 아니더라도 우리나라와 중국 다식처럼 다양한 티 푸드를 맛보게 해 주려고 한다. 밀가루가 아닌 찹쌀과 콩가루로 만든 건강한 다식도 있다. 지나치지만 않다면 차와 함께 즐기는 달콤한 티 푸드는 좋은 영향을 줄 거라고 생각한다.

예전에는 혼자 마시는 차를 즐겼다면, 지금은 아이들과 함께 마시는 차를 즐긴다. 아이들의 까르르 웃음소리와 시끌벅적한 목소리가 들리지 않는 티타임은 여유롭고 한적하기보다는, 허전하고 외롭게 느껴지니 말이다. 주말에 가족들이 한자리에 모일 수 있는 시간도 티타임이다. 아이들이 자라도

이런 티타임은 꾸준히 이어가고 싶다. 이미 일상이 되어버린 아이들과의 우리 집 티타임은 그렇게 추억을 차곡차곡 쌓아가며 흘러간다.

아이들이 좋아하는 표일배. 차가 우러난 후 간편하게 단추만 누르면 찻물이 떨어지는 표일배는 아이랑 티타임에 빼놓을 수 없는 효자 아이템이다.

일상찻집

홍차 클래스

  나의 공간, '일상찻집'에서는 소규모 홍차 클래스가 열린다. 단순히 지식을 전하기 위함이었다면 신청자도 나도 부담스럽지 않은 원 데이 클래스를 주야장천 열어도 되었을 것이다. 하지만 난, 일상찻집이라는 공간에서 차를 통한 사람과의 관계, 그리고 소통에 무게를 싣고 싶었다. 일회적이고 소모적인 만남보다는 그 끈을 계속해서 이어갈 수 있는 진실하고 깊은 만남을 원했다고나 할까.

  그래서인지 일상찻집을 찾는 많은 사람과 꽤 오래, 그 인연을 이어 가고 있다. 홍차 전문가 과정의 지식을 발판으로 더 넓은 중국차를 공부하러 간 이들도 있고, 홍차 취미반 클래스를 듣고 홍차에 깊이 빠져 홍차 카페를 운영하며 지금도 찻잔 벼룩 소식을 물어보는 이도 있다. 2년이 되어가도록 연이어 수업을 듣는 모임도 있으며, 함께 수업을 듣던 수강생끼리 한 달에 한 번 티파티를 열어 종종 그 자리에 나를 초대하기도 한다.

  특히 4개월에 걸쳐 홍차 전문가 수업을 듣는 이들이 특히 그렇다. 홍차 수

다양한 차를 만나고 테이스팅하는 순간을 수강생들은 가장 설레한다.
테이스팅 도구를 사용하기도 하지만 첫 만남은 편안하고 부드럽게 시작한다.

업을 듣고 중국차나 티 테이스팅 클래스를 듣기도 하고, 그 후에는 티파티 수업을 듣기도 하고…. 이렇게 나를 믿고 다양한 클래스를 듣는 분들을 보면, 고마운 마음과 함께 큰 책임감을 느낀다.

누군가를 가르치는 입장에 있는 '선생님'은 하나를 가르치기 위해 열을 알아야 하고, 둘을 가르치기 위해 사십을 알아야 한다고 생각한다. 하나를 알면서 하나를 가르치는 것은 해서는 안 될 일이라고 생각하는 만큼 끊임없이 배우고, 또 배우려고 노력한다. 차에 대한 흥미를 불러일으키고 차를 조금 더 재미있게, 조금 더 제대로 즐길 수 있는 길을 안내해 주는 홍차 취미반이라 할지라도 차에 대한 깊은 이해를 바탕으로 가르치는 수업은 다르기 때문이다. 비단 차뿐이겠는가.

단순히 취미로 시작했던 일이지만, 취미로 폭 빠져 차를 마셨던 경험과 시간 역시 탄탄한 토양이 되어 주었다. 지식에 대한 갈망으로 차에 관한 원서와 인터넷 논문을 뒤졌던 시간 또한 거름이 되어 주었으며, 육아로 중간에 휴학하고 말았지만 원광대학교 동양학 대학원에서 보낸 1년 반도 새로

운 지식을 쌓고 시야를 넓힐 수 있던 귀한 시간이다. 차를 제대로 알기 전에 커피를 배우고 와인에 관심을 가졌던 일도, 영상 번역을 할 때 올리브 채널을 도맡아 했던 일 역시 지금 나에게 큰 힘이 되어 준다. 그리고 그 후에 나를 크게 성장시켰던 것은 바로 친동생과도 같은 인야(조은아)가 제안해 준 좋은 기회 덕분이었다. 인야 역시 차에 대한 지식을 갈망하는 사람들을 제대로 가르치기 위해 자신을 끊임없이 갈고 닦는, 어리지만 참으로 존경스러운 친구다.

  2014년 8월, 인야 덕분에 중국 국가 고시로 다예사와 심평사 자격시험을 보았고 좋은 결과를 낼 수 있었다. 오랜 시간 일상처럼 즐겨 왔던 차 생활과 더불어 인야의 뛰어난 가르침 덕분이라 생각한다. 다예사는 TV나 영화에서 볼 수 있는 차를 아름답고 우아하게 우려내는 예술 행위를 해내는 사람이며, 심평사는 차를 품평(테이스팅)하는 사람이다. 그 자격증을 따기 위해 밤

낯을 고사하고 책을 들여다보고, 동작을 연습하고, 차를 마셨다. 고3 이후로 그렇게 열심히 공부한 건 처음이었던 것 같다. 결과를 떠나 차에 매진하며 공부할 수 있어서 참으로 감사하고 또 소중한 시간이었다.

앞으로도 난 끊임없이 차를 공부하고, 차를 마시고, 또 새로운 분야에 관심을 두고, 배움을 멈추지 않을 생각이다. 나의 일상찻집, 티 클래스를 찾아오는 사람들을 위해서도, 그리고 나 자신을 위해서도 말이다. 일상찻집이라는 이름처럼 이곳을 거쳐 가는 사람들이 일상 속에서 자연스럽게 차를 즐길 수 있었으면, 또 그런 사람들이 하나둘 늘어 갔으면 하는 바람을 더해 본다.

홍차의 샴페인

## 다즐링 예찬

　봄이 되면 찻잎 본연의 향기라고는 믿어지지 않는 꽃향기가 풍부한 다즐링 퍼스트 플러시 First flush 를 마시고, 여름이 되면 다즐링의 최고봉이라 손꼽히는 다즐링 세컨드 플러시 Second flush 를 마신다. 가을이 되면 적당히 묵직하면서도 향기롭게 블렌딩이 된 다즐링을 마시고, 겨울이 되면 봄날의 다즐링을 기다리며 또 다른 다즐링을 마신다.
　내가 늘 예찬해 마지않는 홍차가 하나 있다면, 그것은 바로 다즐링이다. 세계 3대 홍차 중의 하나로도 손꼽히는, 인도의 다즐링 지역에서 만드는 다즐링 홍차는 다원별로 고도나 기온, 일교차 등 일명 테루아 Terroir 가 달라 각기 독특한 맛과 향기의 매력을 자랑한다. 나의 어쭙잖은 글 실력으로는 표현하기가 턱없이 부족하나, 그럼에도 감히 '예찬'이라는 단어로 그 매력을 한껏 표현해 보고 싶다.
　아직 우리나라에서는 다원 다즐링이나 퍼스트 플러시, 세컨드 플러시와 같은 시즈널 다즐링을 만나 보기가 쉽지 않지만, 우리나라 브랜드인 다질

리언 Darjeelian이나 TWG Tea와 같은 세계적으로 유명한 티 브랜드를 통해 몇 가지 정도는 생각보다 쉽게 접해 볼 수 있다. 여성스러움이 물씬 느껴지는 마가렛츠 호프 Margaret's Hope 다원 다즐링, 언제나 모범적인 신사의 모습을 보여 주는 정파나 Jungpana 다원 다즐링, 아름다운 한 송이 장미 같은 아르야 Arya 다원 다즐링, 수줍은 꽃처녀처럼 곱디고우면서도 통통 튀는 매력을 지닌 롭추 Ropchu 다원 다즐링, 묵직하면서도 구수한 아봉그로브 Avongrove 다원 다즐링, 명문 다원이라는 이름에 걸맞게 꽉 차고 밸런스 좋은 풍미를 선사해 주는 캐슬턴 Castleton 다원 다즐링, 달빛을 머금은 듯 순수한 향기가 가득한 푸타봉 Puttabong 다원의 다즐링.

하나하나 언급하자면 끝이 없는 다원 다즐링의 세계. 1월 말경부터 가장 처음으로 채엽하는 첫물차, 퍼스트 플러시 다즐링은 꽃과 과일, 흙과 공기 등의 복합적인 향기를 가득 머금고 있다. 황홀한 향기와 더불어 풋풋하고 싱그러운 자연의 맛을 느낄 수 있는 퍼스트 플러시는 내가 가장 애정하는 다즐링이기도 해서 매년 좋아하는 다원에서 사들인지도 벌써 몇 해가 되었다. 그해의 기후 사정에 따라 매년 조금씩 달라지는 자연의 결과물을 온몸으로 느끼며, 봄이 되면 그렇게 나의 오감은 다즐링으로 채워진다.

두물차라고도 불리는 세컨드 플러시 다즐링은 나의 개인적인 취향과 달

1 눈이 부시도록 푸른 다즐링의 전경
2, 3 다즐링 전문 숍, 티 엠포리엄Tea Emporium

리 특히 품질이 좋은 '퀄리티 시즌'으로 인정받고 있다. 세컨드 플러시 다즐링은 맛으로 보나, 향으로 보나, 첫물차보다 훨씬 농익은 모습을 보여 준다. 늦봄에서 여름으로 넘어가는 시기에 한층 묵직해진 세컨드 플러시 다즐링을 만나면 계절만큼이나 나의 마음에도 변화의 바람이 불어온다.

  2015년 세컨드 플러시가 나올 즈음, 다즐링을 여행할 기회가 있었다. 우기였음에도 맑고 청량한 날씨를 내게 안겨 주었던 다즐링과의 첫 만남. 온 사방에 차밭이 가득하고, 늘 차로만 만나던 마가렛츠 호프 Margaret's Hope, 해피 밸리 Happy Valley, 마카이바리 Makaibari, 굼티 Goomtee와 같은 다원이 눈앞에 펼쳐지는 순간 느낀 벅찬 감격은 그 어떤 말로도 표현할 길이 없다. 인터넷 해외 주문으로 만족했던 골든 팁스 Golden Tips와 티 엠포리엄 Tea Emporium을 직접 찾아가 올해의 훌륭한 세컨드 플러시를 구입했다. 심지어 매년 다즐링을 구입하던 나를 기억해 주는 티 엠포리움에서 기념사진도 한 장 남겼다. 잊지 못할 다즐링 추억을 만들고 돌아온 뒤, 나의 다즐링 예찬은 더욱 깊어졌다.

  다즐링 지역에서 홍차만 만들어지는 것은 아니다. 순수하고 깨끗함의 결정체인 백차와 더불어 아시아에 뒤지지 않는 풍미를 자랑하는 녹차, 그리고 향긋하면서도 편안하게 즐길 수 있는 우롱차까지. 다즐링의 다양함은 상상을 초월한다.

  '홍차의 샴페인'이라는 별명에 걸맞으려면 다원의 시즈널 등을 찾아야 한다. 일반적인 홍차는 우렸을 때 붉은빛을 띠는데, 고급 다즐링은 '샴페인'이라는 별명처럼 황금빛 탕색을 자랑한다. 그리고 그 향기 역시 일반적인 홍차에 비할 수가 없다. 이런 다즐링을 한 번 맛본 사람은 누구나 그 매력에 폭 빠져버린다. 그리고 헤어나올 수가 없다. 꿀벌이 더 향긋하고 달콤한 꿀을 찾듯, 더 좋은 다즐링을 찾게 된다.

## Tip

### 한 차원 높은 수준의 다원 다즐링

시즈널 다즐링을 맛보려면 전 세계로 배송해 주는 다즐링 전문 숍을 활용해 보자.
수년에 걸쳐 주문해 온 단골인지라 매년 첫물차, 두물차가 나오면 잊지 않고 메시지와 메일을 보내 준다.
만족도 높은 다즐링 전문 숍! www.teaemporium.net

차와 함께 찾아오는

계절의 변화

  나의 일상찻집에서, 계절의 흐름은 곧 티타임의 변화다. 계절의 변화를 몸으로 느끼는 순간 자연스레 꺼내는 차가 달라지고, 찻잔이 달라진다. 티타임을 대하는 마음 자세가 달라진다.
  만물이 소생하는 봄에 가장 자주 꺼내는 차는 앞서 말했던 다즐링의 퍼스트 플러시이다. 인도에서 구입한 다즐링이 한국에 도착하기까지 빠르면 일주일, 늦으면 한 달여가 걸린다. 올해 가장 처음 채엽해서 만든 '첫물차'의 싱그러움을 만끽하기에 봄보다 좋은 계절은 없다. 베란다에서 파릇파릇 움트는 새순을 바라보며, 포근한 봄 햇살을 느끼며, 그렇게 봄에는 다즐링을 마신다. 꽃무늬 찻잔을 가장 많이 꺼내는 것도 이 계절이다. 노란색, 분홍색, 빨간색, 보라색…. 갖가지 화사한 색상으로 가득 채워진 꽃무늬 찻잔은 봄의 꽃다발과도 같다. 그런 찻잔에 담아내는 다즐링 역시도 갖가지 아로마가 가득한 부케가 아니던가.

    사계절 중에서 가장 차를 적게 마시는 건 여름이다. 적게 마신다고 해도, 하루 한 잔은 꼬박꼬박 마시는 편이지만 말이다. 여름에는 몸의 열을 조금이라도 낮추고자 녹차를 즐겨 마시는 편이다. 여름에도 따뜻한 차를 즐기는 편인데, 유리잔에 따뜻한 모로칸 민트티를 마시면 뜨겁지만 시원한 기분이 든다. 혹은 청향으로 만든 동정이나 고산과 같은 대만 우롱을 찾아 표일배에 편하게 마신다. 티포트를 꺼내고 예열을 하는 과정이 너무 덥고 번거로워, 표일배 하나에 주야장천 차를 우려 마시곤 한다.

    한여름 장마철은 기문祁門 홍차의 계절이다. 부드럽지만 깊은 맛을 선사해 주는 기문 홍차는 비 오는 날 참 잘 어울린다. 때론 우아한 웨지우드의 찻잔에, 때론 블루&화이트의 동양풍의 찻잔에 기문 홍차를 담아낸다. 개완에 우린 후 창문 밖으로 떨어지는 빗소리를 들으며 웨지우드의 캐세이 Cathay(13세기경 유럽에서 중국을 칭하던 말)에 차를 가득 담아내어 즐기는 일이, 나에게는 장마철에만 누릴 수 있는 묘미 중의 묘미이다. 그래서 나의 티타임에 있어 장마철은, 사계절에 더해진 다섯 번째 계절과도 같다.

    차를 즐기기 제일 좋은 계절은 바로 가을이다. 가을이면 갖가지 차를 골

라 하루에도 서너 잔 이상 차를 마신다. 애플티, 마론티는 가을 티타임의 단골이다. 애플파이나 피칸파이 같은 티 푸드와 곁들이면 더없이 좋다. 정산소종正山小種이나 전홍滇紅과 같은 묵직하고 진한 중국 홍차에는 견과류나 말린 과일을 곁들이기도 하고, 대홍포大紅袍나 육계肉桂, 수선水仙과 같은 무이암차武夷岩茶, 그리고 너무 좋아하는 봉황단총鳳凰單叢도 매일같이 우려낸다. 그래서 가을에는, 온갖 종류의 차를 다 갖추어 놓고 그야말로 주야장천 차를 마신다. 단풍잎이나 아이비, 포도와 같은 과일이 그려진 찻잔은 수확의 계절인 가을과 잘 어울린다.

　겨울에는 향신료가 가미된 마살라 차이 Masala Chai 나 크리스마스 홍차를 즐겨 마신다. 중국 홍차는 떨어질 틈이 없도록 채워 놓고, 때론 보이차를 우려내기도 한다. 겨울날의 티타임은 특히 고요해서 과일이나 꽃향기가 가득한 차보다는 묵직한 모노톤의 차를 찾게 된다. 참 신기하다. 겨울의 티타임은 무채색이다. 무채색의 차를 도톰한 북유럽의 찻잔에 담아내곤 한다. 브라운 계열이나 채도 낮은 블루 톤의 아라비아 핀란드의 잔, 혹은 피기오 Figgio 의 잔들은 겨울의 분위기를 한껏 살려 준다. 그리고 겨울의 티타임에는 향초 대신 오일 램프를 꺼내 본다. 겨울의 추위 따위는, 한 잔의 차면 모두 해결된다. 외출 시에도 보온병에 뜨거운 차를 우려내어 담아 가면 목에 둘둘 감아올린 목도리만큼 든든하다. 긴긴 겨울을 따스하게 보낼 수 있는 나만의 비법이다.

　차를 즐기는 나의 일상은 다섯 계절과 함께 흘러간다. 봄, 여름, 장마철, 가을 그리고 겨울. 계절마다 다른 차를 즐길 수 있다는 것, 계절마다 다른 찻잔에 다른 티타임을 즐길 수 있다는 것은 나의 일상에 더해진 평범한 듯 평범하지 않은 즐거움이다.

차
의
맛
과
향
을
즐
기
다

테 이 스 팅

가끔은 조금 더 진지하게 차를 마주하고 싶을 때가 있다. 전문가처럼 차의 품질을 확인하고 시장에 내놓기 위해서가 아니라, 내가 구입한 차를 평가하거나 그 브랜드에서 내놓는 차가 가격 대비 믿을 만한 품질인지 확인해 보고 싶은 마음에, 아니면 단순히 좋은 차가 지닌 맛과 향을 오롯이 느끼고 싶을 때, 그럴 때 티 테이스팅 Tea Tasting 세트를 꺼내 본다.

정식으로 하는 티 테이스팅이란 동양에서는 찻잎의 품평이라고도 하는데, 제조된 차를 객관적으로 평가하기 위해 사용하는 과정이다. 티 테이스팅은 외형과 내질로 나누어 평가하는데, 외형이란 말 그대로 찻잎 외형의 균일도나 긴밀도, 색상, 광택 등을 평가하는 것이며 내질이란 차를 우려낸 탕색과 향기, 맛, 그리고 우려낸 찻잎(엽저)을 평가하는 것이다.

훈련에 훈련을 반복하는 티 테이스팅 전문가, 즉 티 마스터처럼 완벽할 수는 없겠지만, 일반인도 조금 더 집중하여 시각과 촉각, 후각, 미각을 발휘하는 연습을 하면 차의 전반적인 품질 정도는 구분할 수 있다.

얼마 전에 새로 들여온 중국 우롱차, 수선을 들고 집에서 가장 밝은 테이블 쪽으로 갔다. 찻잎을 꺼내어 외형을 꼼꼼하게 살펴본 후에 물을 끓였다. 새로운 차와 깊이 있는 만남을 가질 생각을 하니 두근두근, 설렘 가득이다. 물이 끓는 동안 심호흡을 하며 오감을 집중해 보았다.

테이스팅에 필요한 도구는 품평배라 하는 테이스팅 컵 Tasting Cup 과, 품평완이라고 하는 테이스팅 볼 Tasting Bowl, 그리고 테이스팅 스푼 Tasting Spoon 이다. 테이스팅 컵과 볼, 스푼을 예열하고, 예열한 컵에 찻잎을 5g 넣는다. 찻잎의 양과 우리는 시간은 차의 종류에 따라 조금씩 달라진다. 홍차는 일반적으로 3g을 넣어 5분간 우리지만, 우롱차는 5g을 넣고 2분간 우려낸다. 2분이 지난 후 테이스팅 컵을 테이스팅 볼 위에 얹어 우러난 찻물이 걸러지도록 한다.

우러난 차가 모두 빠지면 테이스팅 컵을 들어내고 가장 먼저 뚜껑을 살짝 열어 향기를 맡는다. 향기는 3번에 걸쳐 맡는데 뜨거울 때, 조금 식었을 때, 완전히 식었을 때 맡아 향기와 향기의 지속성 등을 평가한다. 집중해서 차향을 맡는 것처럼 매력적인 일은 없다. 복합적으로 느껴지는 향기를 글보다는 머리로 기억하며 그 차의 특징을 잡아낸다. 짧은 순간이지만 차향이 나의 코를 통해 온몸으로 퍼질 때, 순간 '아로마테라피'라는 단어를 떠올린다.

그만큼 매혹적인 순간이다.

그리고 테이스팅 볼의 탕색을 관찰하고, 예열한 테이스팅 스푼으로 소량의 찻물을 공기와 함께 빨아들여 입안에서 혀를 굴리며 차의 맛을 평가한다. 어떤 표현을 써야 할지 머리 아프게 고민하는 것보다는 단맛과 쓴맛, 떫은맛, 감칠맛 등 단순하지만 정확한 표현으로 맛을 잡아낸다. 나 혼자만을 위한 테이스팅이다 보니 수선은 내가 좋아하는 차이기도 해서 주관적인 감정이 완전히 배제되지는 않지만, 자주 마시고 좋아하는 차인 만큼 평가에 엄격해지기도 한다.

사실 차를 평가하는 일이란 오랜 경험과 시간을 필요로 하는 전문적인 과정이지만, 혼자서 하는 테이스팅에서는 심플하면서도 정확한 용어를 찾아내도록 노력한다. 마지막으로 테이스팅 컵에 들어 있는 우려낸 찻잎을 테이스팅 컵 뚜껑에 얹어 관찰한다. 우리고 난 찻잎, 즉 엽저도 참 많은 것을 알려 주어 평소에도 엽저를 관찰하는 습관을 들이면 차를 이해하는 데 도움이 된다. 손으로 만져도 보고, 찢어도 보고, 어떨 때는 입안에 넣고 우물거리며 찻잎의 맛을 보기도 한다.

나에게 있어 티 테이스팅이란, 차에 대한 열렬한 사랑과도 같다. 내가 마시는 차를 조금 더 진지하게 만나 보는 일. 음용하기 쉽도록 편하게 우려 마시는 것도 좋지만, 때론 차가 가진 모든 맛과 향을 쫙 빼내어 차의 모습을 여과 없이 만나보는 것도 가슴 떨리는 일이다. 쓰고 떫은 맛까지도 사랑스러운, 차의 온전한 모습을 받아들인다. 시간을 들여 조금 더 진지하게 차를 대하면, 그에 대한 보답을 받게 된다. 그런 의미에서 사람과 차는 꼭 닮아 있지 않은가.

# Romance of tea tasting

**취향
둘**

On the table

# 그릇이 좋다

영국·프랑스·독일·일본·한국의 도자기, 빈티지와 앤티크로 구분되는 오래전의 그릇들과 현대의 그릇. 이렇게 나라별·시대별로 조금씩 따로 또 같이 모아 놓은 찻잔들이 옹기종기 모여 있는 나의 그릇장은 그 무엇과도 바꿀 수 없는 나의 보물 창고이다.

소박하고 편안한

영 국 빈 티 지 찻 잔 컬 렉 션

언제부턴가 백화점에 반짝반짝하게 진열된 새 상품보다 세월의 흔적이 고스란히 느껴지는 빈티지 찻잔에 매료되기 시작했다. 해외 사이트, 이태원 빈티지·앤티크 거리, 온라인 빈티지 숍 등 다양한 루트를 통해서 만나는 빈티지 찻잔들은 내게 신세계와도 같았다. 보관만 했다 해서 캐비닛 제품이라고 하는 깨끗한 찻잔도 좋지만, 많이 사용해서 찻잔의 굽이 닳고 닳은 찻잔에 더욱 애정이 갔다. 모르는 사람이 쓰던 제품이라 찜찜하다고 하는 사람들도 있지만, 그들의 온기와 이야기가 더해진 빈티지 찻잔은 나에게는 매력 덩어리였다.

영국 사람들이 홍차를 사랑하는 만큼, 빈티지 찻잔을 찾다 보면 영국 찻잔이 꽤 많이 눈에 띈다. 나의 찻잔장을 열어 보아도 가장 많은 비중을 차지하는 것이, 영국산 빈티지 찻잔이다. 웨지우드 Wedgwood, 로열 스태포드 Royal Stafford, 수지 쿠퍼 Susie Cooper, 앤슬리 Aynsley, 민튼 Minton ….

　특히 수지 쿠퍼의 찻잔은 눈에 보이는 대로 사들였다. 규칙은 정해져 있다. 한 조씩. 욕심을 부리면 놓아둘 공간이 없어 구석구석 처박아 두게 된다. 6조로 갖추고 싶은 찻잔 몇 가지만 제외하고는 최대한 한 조씩만 모아 세트를 만든다. 아이리스 Iris, 글렌 미스트 Glen Mist, 탈리스만 Talisman, 브라이들 부케 Bridal Bouquet, 선플라워 Sunflower 등 같은 라인의 찻잔들은 한 조씩 각각 따로 있어도 한 세트처럼 보인다. 같은 라인이 아니어도 서로 어울리는 찻잔들은 세트처럼 사용하기도 한다. 무조건 6조 세트로 테이블을 통일하기보다는 각기 다른 찻잔들이 어우러진 테이블이 좋다. 개성 넘치니까. 볼거리도 많으니까.

　수지 쿠퍼의 수많은 라인은 대부분 한 조씩 모아 두어 색감이나 그림 스타일이 비슷한 찻잔끼리 꺼내어 즐기지만, 블랙 프루트 Black Fruit는 특별히 디저트 플레이트 Dessert Plate, 디너 플레이트 Dinner Plate까지 세트로 있다. 일자형 커피 캔 라인 찻잔에 검정으로 과일 그림을 그려 넣은 이 시리즈는 수지 쿠퍼

여성스럽고 섬세한 터치감이 매력적인 영국 세라믹 디자이너 수지 쿠퍼의 찻잔들

의 전 라인을 통틀어 단연코 no.1이라고 생각한다. 빈티지 찻잔 컬렉션 중에서 개인적으로도 가장 아끼는 시리즈 중 하나다. 마지막으로 보는 사람마다 탐내는 수지 쿠퍼의 스낵 세트는 문양도 심플하고 단색이지만 발랄한 색감 덕분에 만날 때마다 신이 난다.

헤럴드리 블랙 Heraldry Black은 블랙에 심플한 문양이 핼러윈 파티와 더없이 잘 어울려 매년 10월이 되면 그 찻잔 세트를 꺼내 들곤 한다. 그 외에도 블루 달리아라든지, 베네치아, 리비에라, 너무나 좋아하는 몽환적인 보랏빛의 아네모네 등등 아끼는 수지 쿠퍼의 잔을 나열하자면 끝이 없다.

웨지우드의 애플도어 Appledore와 인디아 로즈 India Rose, 파라곤 Paragon의 아테네 Athena는 대표적으로 6조씩 갖추고 있는 찻잔이다. 애플도어는 여성스러운 피오니 셰이프 Peony Shape에 과일 바구니와 발랄한 하늘색 테두리가 둘린 볼수록 정감 가는 찻잔이다. 잉글랜드의 작은 마을을 뜻하는 애플도어, 그들의 소박하면서도 정겨운 일상을 담아낸 듯한 기분이 들어서 이 찻잔을 꺼낼 때마다 콧노래가 절로 나온다. 인디아 로즈는 1964년부터 1968년까지 짧은 시간 동안 생산된 귀한 찻잔 중 하나로, 잔잔하면서도 은은한 장미꽃과 물결무늬가 매력적이다. 이 찻잔은 보는 사람마다 극찬하며 탐내 하는 대표적인 찻잔 중 하나다. 찻잔의 장미꽃 그림이 식상하다 싶으면 웨지우드의 인디아 로즈를 한 번 보시라. 분명히 다시금 장미와 사랑에 빠지고 말 테니. 화이트에 골드 테두리를 두른 파라곤의 아테네는 이름처럼 고급스럽고 우아한 자태를 뽐내는 찻잔이다. 찻잔의 형태와 어울리는 잔잔한 무늬와 금빛 테두리, 그리고 블랙 포인트까지, 심플하면서도 고상한 매력의 아테네는 크리스마스 테이블에 종종 등장한다. 크리스마스라고 해서 레드와 그린으로만 꾸며지는 건 아니니까. 화이트와 골드로 꾸며진 테이블에 그 어느 찻잔보다도 잘 어울리는 게 바로 파라곤의 아테네가 아닌가 싶다. 물론, 평소에는 더 말할 것도 없다.

더체스 Duchess의 찻잔들도 오묘한 매력이 있어 하나씩 손길을 뻗기 시작했다. 많이 알려지지 않은 브랜드라 의외로 가격도 저렴한데 형태며 색감, 문양이 전형적인 영국의 찻잔과 같아 질리지 않고 편하게 사용하기 좋다. 핑크 로지즈 Pink Roses는 특히 아끼는 찻잔인데, 큼지막하게 그려진 장미꽃의 화

형과 색감이 볼수록 끌린다.

그 외에도 웨지우드의 헌팅 신 Hunting Scene 이나 골든 버드 Golden Bird, 퀸즈 웨어 Queen's Ware, 로열 크라운 더비 Royal Crown Derby 의 포지스 Posies, 가을에 찾게 되는 로열 우스터 Royal Worcester 의 찻잔들, 겨울이면 자꾸만 꺼내게 되는 J&G 미킨 J&G Meakin 의 도톰한 찻잔들, 블루 윌로우 Blue Willow 나 스포드 Spode 의 블루 이탈리안 Blue Italian 과 같은 영국의 블루 앤 화이트 Blue&White 찻잔들…. 아끼는 영국의 찻잔을 손꼽으라 하면 끝도 없이 줄줄 나올 것 같다.

가장 많이 소장하고 자주 꺼내 쓰게 되는 게 바로 영국의 빈티지 찻잔들이다. 그들의 실용주의처럼 예쁘기만 한 게 아니라 일상생활에서 편하게 쓸 수 있는 찻잔이기 때문이다. 나와 가장 많이, 자주 입을 맞추게 되는 것이리라. 참 예쁘면서도 소박하고 편안한 일상이 담긴 찻잔, 그게 바로 영국의 빈티지 찻잔이 아닌가 싶다. 나의 '일상찻집'을 충족시켜 줄 수 있는 찻잔들 말이다. 아마도 나의 영국 빈티지 찻잔 컬렉팅은 계속될 것이다.

## 여성스럽고 아름다운

### 프랑스 빈티지 찻잔 컬렉션

마리 앙투아네트처럼 화려하거나, 공작부인처럼 우아하거나, 장미 화원처럼 향기롭거나, 한 송이 작약처럼 품위 넘치고 고고하거나. 그렇게 아찔할 만큼 섬세하거나 아름다운 찻잔은 프랑스 태생이 많다. 프랑스 도자기에 지대한 영향을 미친 퐁파두르Pompadour 부인 한 사람만 보더라도 프랑스의 찻잔이 어떨지 충분히 상상이 간다. 대부분 찻잔이 그렇지만 프랑스의 찻잔은 극도로 여성스럽고 아름답다. 그 자태만으로도 프랑스 태생이라는 게 느껴진다.

이런 프랑스 찻잔을 꺼내 들게 될 때가 있다. 벚꽃이 흐드러지게 핀, 꽃향기 그득한 봄이라든지 내가 좋아하는 프랑스 브랜드인 마리아주 프레르Mariage Freres 혹은 떼오도르The O Dor, 르 팔레 데 테Le Palais des The의 차를 만날 때, 마카롱이나 에클레르와 같은 대표적인 프랑스 디저트에 차 한 잔을 곁들일 때, 그렇게 프랑스 감성이 충만한 티타임을 가질 때는 프랑스의 찻잔을 꺼내 든다.

 유럽이지만 영국과 프랑스의 차 문화는 조금 다르다. 산업혁명으로 중산층의 경제력이 급격하게 성장한 영국은 티타임을 비롯한 다양한 문화가 대중적이다. 상류층부터 노동자 계층까지 모두가 차를 마셨고, 지금도 홍차를 진하게 우려내어 우유를 타서 편하게 마시는 일상의 차를 즐기고 있다. 이런 영국에서는 포장도 없이 자잘한 찻잎이 들어 있는 벌크 티백이 가장 많이 소비된다.
 누구나 하루에 예닐곱 잔의 차를 마시는 게 바로 영국의 차라면, 프랑스는 상황이 조금 다르다. 프랑스의 차 문화는 철저하게 상류층 위주다. 일반 마트에서 누구나 마실 수 있는 차보다는 고급스러운 티 숍에서 화려한 티 캐디에, 품질 좋은 전 세계의 차들을 담아낸다. 중국의 명차들도 프랑스 브랜드에 가면 모두 만나 볼 수 있고 그들이 동경하는 동양적인 이미지를 한

가득 풀어낸다.

물론 상황이 조금씩 변하고 있기는 하다. 영국 브랜드는 물처럼 마시는 차에서 품질 좋은 차를 갖추기 위해 기존에 인도와 스리랑카 위주의 시장에서 중국과 세계의 시장으로 접근하고, 프랑스에서는 대중을 위한 차를 위해 부단히 노력하는 신생 브랜드들이 생겨나고 있다. 하지만 아직 프랑스와 영국 브랜드가 주는 기본적인 이미지가 달라질 정도는 아니다.

프랑스를 대표하는 도자기 브랜드인 하빌랜드Haviland가 그렇다. 특히 리모주Limoges 지역에서 만들어진 그들의 찻잔은 화려한 꽃과 금박으로 장식이 되어 있다. 입술이 닿는 부분은 특히나 얇아서 도톰한 영국의 찻잔과는 감촉부터 다르다. 맛과 향의 조화를 중요하게 생각하고, 그 어우러짐을 고민하는 섬세한 프랑스의 차를 즐기기에 이보다 더 좋은 찻잔은 없다.

이태원에서 열리는 빈티지&앤티크 벼룩시장에서 프랑스 빈티지 찻잔 세트를 착한 가격에 가져왔다.

야리야리하고 아름다운 프랑스의 찻잔에는 그만큼 아름답고 향기로운 프랑스의 차를 담게 된다. 나의 테이블 위에, 향기로운 낭만이 피어오른다.

내가 가진 다양한 하빌랜드의 찻잔은 모두 파스텔 톤의 야리야리한 색감에 아름답기 그지없는 꽃들이 가득하고, 여성스러운 라인과 섬세함의 극치를 자랑한다. 찻잔을 꺼낼 때도, 차를 따를 때도, 차를 마실 때도, 조심스럽고 살살 다루게 되는 찻잔들이라고나 할까.

특히 좋아하는 프랑스의 찻잔이 있는데, 아주 심플한 하얀색 바탕에 금빛 테두리를 두른 하빌랜드의 찻잔이다. 너무 마음에 들어 6조를 구해 뒀는데, 참 단순한 조합임에도 이토록 여성스럽고 아름다울 수 있다는 사실에 감탄하며 프랑스 찻잔의 여성미에 극찬하곤 한다.

또 하나는 얼마 전 이태원 빈티지&앤티크 벼룩시장에서 구입한 리모주에서 생산된 빈티지 찻잔이다. 벼룩시장이라 무척 저렴한 가격에 4조를 구입했는데 볼수록 마음에 들어 가족 티타임에 종종 꺼내 들곤 한다.

조금 더 여성스러워지고 싶은 날이면 손이 가는 프랑스의 빈티지 찻잔들. 프랑스의 차와 프랑스의 티 푸드를 담아 프랑스의 찻잔에 차를 마시면, 마치 프랑스의 어느 티 숍에 와 있는 듯한 착각을 불러일으키기도 한다. 그래서 난 다시 한번 그곳에 가기 전까지는 이렇게 프랑스를 향한 로망과 아쉬움을 달래 볼까 한다. 찻잔이 주는 힐링이란, 그런 게 아닐까.

세월의 흔적을 담은

세계의 빈티지 찻잔 컬렉션

  빈티지가 주는 매력은 세월의 흐름이다. 지금 재현해 내려고 해도 할 수 없는 세월의 흔적. 나는 마치 지금 막 생산해 낸 듯 너무 반짝반짝하고 깨끗한 캐비닛 제품보다, 사용했던 흔적이 묻어 있고 스크래치도 살짝 있고 때로는 사용하는 데 불편함이 없지만 한 귀퉁이에 이가 살짝 나간, 그런 찻잔을 좋아한다.

  유럽에서 도자기가 한창 인기를 끌던 그 시절에는 모든 도자기 제작소에서 모방에 모방을 거듭했다고는 하지만 신기하게도 같은 패턴의 도자기라 해도 그 나라의, 그 브랜드의 특색이 묻어난다. 바바리아 Bavaria의 찻잔에서는 독일의 색깔이 드러나고, 노리다케 Noritake의 찻잔에서는 일본 특유의 매력이 나타나고, 폰테사 Pontesa의 찻잔에서는 스페인만의 색감과 패턴이 도드라진다. 그리고 로열 코펜하겐 Royal Copenhagen과 마이센 Meissen, 헤렌드 Herend와 같이 지금도 고급 도자기의 대명사처럼 불리는 브랜드의 빈티지 찻잔들 역시, 범접하기 어려운 아우라가 느껴진다.

친구의 집에서 좋은 차를 대접받았던 노리다케의 데미타스Demitasse 찻잔에 반해 노리다케 빈티지 찻잔을 한창 찾아 헤맨 적이 있다. 노리다케의 빈티지 찻잔은 그 종류가 무척이나 방대해서 다양한 라인과 다양한 패턴, 다양한 색감의 찻잔을 만날 수가 있다. 특히 아끼는 건 블루 오차드Blue Orchard와 컨트리사이드Countryside, 그리고 데미타스 4조이다. 데미타스는 가족 티타임에 종종 꺼내어 대만 우롱차나 중국차를 마실 때 사용한다. 동양의 차를 담아내기에도 좋고, 서양의 차를 담아내기에도 좋다. 너무 작지도 않고 살짝 넓은 형태의 데미타스라 다양한 차를 즐기기 좋다는 게 최고의 장점이다.

2014년 부산국제영화제 번역을 할 때, '폰테사 공장'이 언급되며 그 부지를 화면에서 보여 준 영화가 있다. 온몸에 전율이 흐르던 순간이었다. 스페인어를 전공하기도 했고, 스페인이라는 나라에 1년간 머물며 그 매력에 폭 빠졌다. 스페인이라는 나라를 워낙에 좋아하는데, 그 취향이 도자기에도 묻어나 폰테사라는 스페인 브랜드를 참 좋아하게 되었다. 폰테사의 찻잔은 구하기가 쉽지는 않아 보이는 족족 사들이는데, 그 폰테사가 번역하는 영화 속에 등장한 것이다. 1분도 채 안 되는 짧은 시간이었지만 그 우연은 우연처럼 느껴지지 않아 폰테사를 향한 무한 애정에 박차를 가하게 되는 계기가 되었다. 그 장면을 여러 번 돌려 본 후에 바르셀로나에서 날아온 스페인 브랜드의 차를 폰테사 찻잔에 우려내 차를 마시며 번역을 계속했다.

폰테사의 찻잔 중에서 내가 가장 좋아하는 것은 톨레도Toledo, 그라나

한국에서는 쉽게 만나 볼 수 없는 인도의 유명 브랜드 굿 어스Good Earth의 찻잔들

다 Granada, 세비야 Sevilla와 같이 도시 이름을 딴 라인이다. 그중에서도 특히 톨레도의 문양은 보면 볼수록 매력이 넘쳐, 플레이트와 티포트, 튜린 Tureen까지 갖추었다. 우리나라에서는 수집하는 사람들이 별로 없다 보니 구하기가 쉽지 않아서 폰테사 컬렉팅은 아마도 평생 계속되지 않을까 싶다.

 그리고 빈티지 로열 코펜하겐은 참으로 애정하는 찻잔이다. 1889년에서 1922년 사이에 생산된 두 가지 찻잔과 커피 잔 모두 가지고 있다. 보는 것 자체만으로도 숨이 막힌다고 해야 하나, 여느 찻잔처럼 금테를 둘러 화려하거나 화사한 꽃 장식이 가득한 건 아니지만 조용하고 소박하면서도 단아하게, 그 고상함의 극치를 보여 준다. 미색의 바탕에 은근하게 두른 그린 테두리, 그리고 그 안에 그려진 심플하지만 개성 넘치는 패턴까지, 어느 것 하나 마음에 안 드는 곳이 없다. 그야말로 완전체 그 자체인 이 찻잔 중의 하나는 일상찻집에서 15주간 함께 했던 수강생께 선물로 받았다. 그 가치를 제대로 아는 사람에게 넘기고 싶었다는 말과 귀한 찻잔을 선물해 주는 그 마음이 너무나 고마워서 아마도 평생, 잊지 못할 것 같다. 찻잔에는 이야기가 담겨 있다는 말은, 이럴 때 하는 말이다. 이렇게 나의 찻잔 하나하나에는 이야기가 담겨 있다.

 그 외에도 프리젠버그 Frijsenborg라든지, 블루 플라워 Blue Flower, 브라운 아이리스 Brown Iris와 브라운 로즈 Brown Rose 등 가격 면에서도 착하지 않을뿐더러, 자주 눈에 띄지 않는 빈티지 로열 코펜하겐은 긴 시간을 두고 하나씩 모아가는 재미가 있다.

 마지막으로 캐슬턴 Castleton. 미국 도자기 브랜드 캐슬턴의 찻잔들은 라인에서부터 여성미가 물씬 풍긴다. 반짝반짝 빛나는 금빛 테두리와 아름다운 곡선의 라인, 그리고 화사하고 우아한 꽃 그림은 보는 이의 가슴을 두근거리게 한다. 캐슬턴의 찻잔들은 형태가 비슷해서 다양한 문양으로 한 조씩 모아 두었더니, 각기 다른 문양을 테이블 위에 올려도 참 잘 어울린다. 각

 양각색의 문양을 구경하는 재미도 있고 말이다. 우아하면서도 세련된 귀족 집 아가씨가 되고 싶은 날이면, 캐슬턴의 찻잔을 꺼내 든다.

 그 외에도 얼마나 많은 나라에, 얼마나 많은 브랜드가 있으랴. 누구나 좋아하는 빌레로이 앤 보흐 Villeroy & Boch의 디자인 나이프 Design Naif와 개인적으로 6조를 소장하고 있는 아마폴라 Amapola, 구하기 힘들어 오랜 시간을 두고 수집하게 될 것 같은 바바리아의 로지타 Rosita, 붉은색 장미가 매혹적인 요한 하빌랜드 Johann Haviland 등 일일이 다 언급하기 어렵지만 독일의 브랜드도 시대별로 고상하고 우아하거나, 심플하면서도 강렬하거나, 각기 개성이 도드라져 어느 것 하나 내버릴 게 없다. 뿐만 아니다. 우리나라에서는 거의 알려지지 않았지만 빈티지 체코의 찻잔들은 과감한 붓 터치가 인상적이다.

 빈티지 찻잔 컬렉션은 보물찾기와도 같다. 잘 알려진 유명한 빈티지 찻잔들 외에 무궁무진한 브랜드의 방대한 라인 속에서 내 마음에 쏙 드는 찻잔을 발견했을 때의 희열이란…. 유명하지 않아도 좋고, 잘 알려진 브랜드가 아니어도 좋다. 그 찻잔에 차를 담고 애정을 담고 시간을 담아냈을 때, 그 빈티지 찻잔에 나만의 추억과 나만의 이야기를 더하게 되는 것이다. 누군가의 이야기를 담고 있기에, 세월의 흔적이 담겨 있기에, 특별한 빈티지 찻잔은 나의 이야기가 더해져 더욱 특별해진다.

아이를 위한

데미타스

언젠가부터 데미타스Demitasse를 하나둘 모으기 시작했다. 에스프레소를 마시기 위해서가 아니라, 차를 마시기 위해서다. 찻잔Tea Cup, 커피 잔Coffee Cup, 데미타스 등 이름별로 용도가 다르지만 가끔은 내 편의대로 커피 잔에 차를 마시기도 하고, 찻잔에 커피를 마시기도 하고, 데미타스에 차를 마시기도 한다.

데미타스를 처음 수집하기 시작한 건 아이들과의 티타임 덕분이었다. 손도 작고, 아무래도 어른보다 차를 마시는 양도 적은 아이들에게 데미타스는 최적이었다. 엄마처럼 예쁘고 화사한 꽃무늬 찻잔에 차를 마시고 싶은 큰딸은 데미타스가 점점 다양해지자 신이 났다. 골라 마시는 재미가 있으니까. 그날의 기분에 따라 찻잔을 고르는 건 비단 나뿐만이 아니었다. 둘째 꼬마 도련님은 어릴 때부터 작은 찻잔을 선호했다. 그래서 매번 티타임에 중국 찻잔이나 한국의 나눔 찻잔을 쥐어 주곤 했는데, 데미타스의 유용함을 접한 이후로 그 녀석 역시도 데미타스를 선호한다. 손잡이가 있어서 아무래도 잡기 쉬운 모양이다.

데미타스에 차를 마시면 차를 조금씩 따라 마시기 때문에 빨리 식지 않아 좋다. 조금씩 여러 번 우려내, 변하는 맛을 음미할 수 있는 중국차나 대만 차도 중국 찻잔 대신 데미타스에 즐기면 그 느낌이 또 달라진다. 같은 데미타스라도 그 형태나 크기, 패턴이 모두 달라서 다양함을 즐기는 재미 역시 쏠쏠하다.

큰딸이 가장 아끼는 데미타스는 선물받은 바바리아의 잔이다. 굽이 높은 바바리아 잔의 특징을 잘 살려 낸 잔은, 아이들과의 티타임에 가장 자주 등장한다. 이태원 벼룩시장에서 저렴한 가격에 데려온 하빌랜드의 물결무늬 잔과 로열 크라운 더비의 포지스도 단골로 간택된다. 꼬마 도련님은 아직 취향이 또렷하지는 않지만, 심플하고 도톰한 아라비아 핀란드 잔이나 귀여운 꼬마 딸기 그림이 그려진 수지 쿠퍼의 스트로베리를 좋아한다.

나는 개인적으로 웨지우드의 스트로베리 힐 Strawberry Hill을 좋아하는데, 와일드 스트로베리 Wild Strawberry와 달리 우리나라에 많이 알려지지 않아 희소성도 있고, 빈티지한 색감이 마음에 들어 가족 수대로 4조를 맞춰 두었다. 로열 코펜하겐의 브라운 아이리스도 좋아하는 데미타스 중 하나이다. 영

작은 데미타스는 아이들이 잡기 편해 조금씩 식혀 가며 마시기 쉽다는 장점이 있다. 아이들과 화사한 영국식 티타임을 가질 때는 데미타스를 꺼내고 편안한 중국 티타임을 가질 때에는 작은 한국 혹은 중국의 도자기 찻잔을 꺼내어 즐긴다. 차를 따르고, 조심스레 찻잔을 집어 드는 행위 자체가 아이들에게는 의식처럼 인식이 되어 일상 속에서 쉽게 접할 수 있는 정서적이고 정신적인 교육이 되기도 한다.

국을 대표하는 여성 세라믹 아티스트 중의 한 명인 클라리스 클리프 Clarice Cliff의 데미타스도 격하게 아끼는 것 중 하나이다.

  우리 가족 티타임 테이블에 가장 많이 올라오는 데미타스 찻잔. 귀여운 사이즈며, 그 작은 찻잔에 그려진 다양한 문양들을 보고 있노라면 저절로 감탄사가 나온다. 데미타스를 들고 있는 아이들의 손은, 나의 가장 좋은 피사체가 되어주곤 한다. 앙증맞은 손으로, 앙증맞은 잔을 들고 있는 모습을 쉴 새 없이 카메라에 담아낸다. 언젠가 이 아이들이 컸을 때 나에게도, 아이들에게도 좋은 추억거리가 되어 주지 않을까. 내가 세상에서 가장 사랑하는 아이들의 모습 중의 하나는 찻잔을 들고 차를 마시다가 내가 사진기를 들이대면 포즈를 취해 주는 모습, 찰칵 소리가 난 후에 눈을 살며시 들어 배시시 웃어 주는 모습이다.

  내가 찍어 대는 아이들의 손 사진에서 그런 사랑스러움과 따스함이 묻어나서, 보는 이들에게도 따뜻한 미소가 지어질 수 있으면 좋겠다. 멋진 작품 사진이 아니어도, 일상 속 작은 모습이 나에게는 큰 행복이 되어 주니까. 오늘도 어김없이 차를 우리고, 아이들이 좋아하는 데미타스를 꺼낸다. 작은 데미타스를 볼 때마다 내가 아이들을 떠올리듯이, 후에 아이들도 그렇게 엄마를 떠올리면 좋겠다.

## 엄마의 손길처럼 따스한

## 빈티지 밀크 글라스

　어릴 적, 엄마의 그릇장 속에서 종종 볼 수 있었던 밀크 글라스Milk Glass는 추억의 그릇이다. 지금도 밀크 글라스를 보면 왠지 모를 아련한 향수에 사로잡혀 마음이 따스해지곤 한다. 밀크 글라스는 꼭 그 이름처럼, 하얗고 보송보송한 마음이 들게 한다. 마치 유리병에 들어 있는 하얀 우유를 보는 것처럼….

　굉장히 아끼는 밀크 글라스 그릇이 있다. 바로 펜톤Fenton 2단 트레이. 물결 무늬로 마감된 도톰한 밀크 글라스 2단 플레이트는 어느 티타임에 꺼내어도 완벽하게 어우러진다. 여성스러운 프랑스 찻잔을 세팅한 테이블에도, 찻잔에 큼지막한 장미꽃 그림이 그려진 전형적인 영국식 티 테이블에도, 펜톤의 2단 트레이에 티 푸드를 가득 담아 올리면 그렇게 잘 어울릴 수가 없다. 흔하지 않은 데다, 꺼낼 때마다 모두의 극찬을 받는 트레이라 괜스레 뿌듯해진다. 여느 빈티지 그릇들과 마찬가지로, 내 마음에 쏙 드는 빈티지 밀크 글라스를 찾아내는 일은, 보물찾기처럼 흥미진진하다. 백화점에 깨끗하게 진열된 똑같은 상품 중에서 하나를 골라내는 게 아니라, 수많은 빈티지 그릇이라는 드넓은 바다에서 때론 우연히, 때론 필연적으로 빈티지 그릇을 찾아내는 건 신나는 모험과도 같다.

빈티지 맥도날드 밀크 글라스 머그잔과 아기곰 푸우 머그잔 역시 애용하는 컵 중 하나다. 밀크 글라스의 따스함이 마음에 드는지, 아이들도 종종 푸우 밀크 글라스 머그를 찾는다. 내가 아기곰 푸우 캐릭터를 정말 좋아해서 데려왔던 밀크 글라스 머그인데, 이제는 아이들 차지가 되어버렸다.

헤이즐 아틀라스 Hazel Atlas의 핑크 밀크 글라스 찻잔도 큰딸의 마음을 사로잡을 만했다. 한동안 밀크 글라스 찻잔에 꽂혀 파이어 킹 Fire King을 섭렵하기도 했으나, 너무 방대해지는 컬렉션을 감당하기 힘들어 한바탕 정리한 적이 있다. 하지만 헤이즐 아틀라스의 밀크 글라스 찻잔만큼은 가장 처음 구입한 밀크 글라스 찻잔이기도 하고, 어린 딸을 생각해서 꾸준히 들이고 있었는데, 그렇게 한 보람이 있다.

앙증맞은 꽃 그림이 그려진 작은 크기의 밀크 글라스 볼은 다용도로 쓰기에 좋다. 크기가 작아서 아이들 밥공기로 사용하기에도 참 좋은데, 딸아이는 이 밀크 글라스 볼에 밥을 담으면 꽃향기가 나는 것 같다고 한다. 적당히 오목하고 크기도 많이 크지 않아 블루베리나 산딸기처럼 색이 고운 과일을 담아내도 참 예쁘다. 과자나 시리얼을 담아내기도 하고, 간단한 티 푸드를 담기에도 좋다. 밀크 글라스 볼 하나로 테이블이 따스해지니, 참 신기하다.

그 오묘한 색감이며 반투명한 우유의 느낌은 숨겨져 있던 감성을 천천히, 부드럽게 자극해 준다. 그래서 날씨가 추워지면, 밀크 글라스를 자꾸만 찾게 되는 것 같다. 밀크 글라스 머그에 핫초코를 담아내어 달콤함과 따끈함을 즐기기도 하고, 갓 지은 밥을 담아낸 밀크 글라스 볼에서는 집밥의 온기를 느끼기도 한다. 엄마의 손길처럼 그렇게 따스하고 다정한 밀크 글라스. 보는 것만으로도 흐뭇한 미소가 지어진다.

심플하고 세련된

## 북유럽 그릇

 북유럽이라는 단어가 주는 감성은 심플하면서도 세련되고, 감각적이면서도 실용적인 느낌이다. 그런 감성이 가득한 그릇이라면, 반하지 않을 사람이 있을까.
 처음 북유럽 그릇을 탐닉하게 되었던 건, 빈티지 찻잔 덕분이다. 게플레 Gefle, 아라비아 핀란드 Arabia Finland, 피기오 Figgjo…. 깔끔하고 소박하면서도 개성 넘치는 그 디자인과 패턴에 반해 북유럽 찻잔의 세계를 헤집고 다닌 적이 있다. 하지만 알면 알수록 북유럽의 아이템은 꼭 찻잔이 아니어도, 꼭 그릇이 아니어도 그저 좋았다. 그 매력을 어찌 말로 다 할 수 있으랴.
 겨울이 되면 부부 찻잔으로 종종 꺼내곤 하는, 빈티지 아라비아 핀란드 찻잔인 코랄리 Koralli와 아네모네 블루 Anemone Blue. 따끈한 홍차를 우려내고 위스키나 코냑을 살짝 떨어뜨려 그 향을 즐기기도 한다. 널찍하고 도톰해서 차향을 즐기기에도, 오래도록 따뜻하게 마시기에도 좋다. 겨울을 위한 찻잔이라고 할 수 있겠다.

온 가족이 사랑하는 대표적인 북유럽 캐릭터 무민.
신랑이 북유럽 출장길에 하나씩 데려오는 아이템을 모으는 재미가 쏠쏠하다.

A better everyday life

꾸준히 사랑받는 북유럽 브랜드의 최고봉.
덴마크 왕실 도자기 로열 코펜하겐의 빈티지 찻잔은 특히 애정하는 아이템이다.

키르시카 Kirsikka, 아흐메트 Ahmet, 파엔차 Faenza 트리나 Trina 등은 개인적으로 무척이나 아끼는 빈티지 찻잔이다. 빨간 체리가 인상적인 키르시카는 우리 집 딸아이가 좋아하고, 아흐메트는 파란색을 좋아하는 둘째 녀석이 좋아한다. 소서 saucer 가 없어 머그로 사용하는 블루 파엔차는 볼수록 잔잔한 매력이 넘친다. 여름에는 블루 톤이 시원해서, 겨울에는 도톰하니 따스해서 사용하다 보니 데일리 찻잔이 되었다.

트리나는 길쭉하고 앙증맞은 크기에 과감한 자줏빛 꽃이 큼지막하게 그려져 있어, 보는 순간 한눈에 반하고 말았다. 여느 아라비아 핀란드의 잔과 달리 굉장히 얇게 만들어져서, 혹여나 싶어 아끼느라 자주 꺼내지는 못하는 잔 중의 하나다. 게플레의 아그네타 Agneta 수프 볼은 나와 가장 오랜 시간을 함께한 빈티지 북유럽 찻잔인데, 특히 햇살 좋은 가을날 커피를 담아냈을 때 어우러지는 색감이 너무 예뻐 가을의 커피 잔이라고 부른다. 그 외에도 빈티지는 아니지만, 로열 코펜하겐의 메가 Mega 나, 로스트란드 Rörstrand 의 페르골라 Pergola 와 선본 Sundborn, 오스틴디아 Ostindia 시리즈도 북유럽의 감성을 가득 담은 매력 만점의 찻잔들이다.

플레이트는 또 어떻고. 빈티지 로스트란드 아네모네에 브라우니를 담으면 그렇게 잘 어울릴 수가 없다. 화사한 꽃 그림이 매력적인 빈티지 아라비아 핀란드의 플레이트에는 과일이나 샐러드를 담아내곤 한다. 아라비아 핀란드의 24h와 아베크 Avec 시리즈는 파스타, 찜, 샐러드 등 무얼 담아도 완벽하게 소화해 내는 능력이 있어 우리 집 테이블의 단골손님이다.

밥공기, 국그릇으로 정말 유용한 아라비아 핀란드 코코 Coco 시리즈, 파스타나 디저트를 담기 좋은 이딸라 Iittala의 플레이트, 아이들도 어른들도 좋아하는 무민 플레이트와 무민 머그…. 나의 북유럽 그릇 컬렉션도 어느덧 방대해져 일일이 열거하기도 어려운 지경이다. 그럼에도 자꾸만 탐이 나는 북유럽 그릇들. '북유럽'이라는 단어가 주는 감성과 로망은 언제쯤 충족될까!

스
토
리
가
　
느
껴
지
는

빈 티 지 티 포 트

  반짝반짝 빛나는 새 티포트는 언제든 살 수 있다. 하지만 빈티지 티포트는 그렇지 않다. 티포트는 찻잔이나 플레이트보다 보관과 이동이 쉽지 않아서, 상태가 좋은 빈티지 티포트를 찾기 어렵다. 주둥이가 깨지거나, 뚜껑이 사라지거나, 손잡이에 금이 가거나…. 티포트는 세월의 무게를 쉽게 이겨내지 못한다.

  그래서 빈티지 티포트를 모으기 시작했다. 처음에는 실사용을 위해서라기보다는 장식용으로 J&G 미킨 J&G Meakin의 길쭉한 커피포트를 구입하고, 이어서 폰테사의 티포트를 데려왔다. 살짝 균열이 생긴 티포트였지만, 실사용보다는 장식 목적이어서 저렴한 가격에 데려왔는데, 어느 순간부터는 예쁜 티포트를 사용할 수 없어서 아쉬웠다. 그래서 마음에 드는 티포트를 하나씩 하나씩 데려오다 보니, 어느새 빈티지 티포트도 제법 늘어났다.

  블루 라군 Blue Lagoon이라는 이름을 가진 일본의 빈티지 티포트는 그야말로 블루 라군을 닮은 매력적인 색감이 일품이다. 거창한 이름과는 달리 잔잔

서로 다른 느낌의 바바리아Bavaria 티포트

한 꽃무늬가 앙증맞게 그려진 사랑스러운 티포트이다. 300ml의 작은 용량이라 혼자서 차를 마실 때 종종 사용한다.

티포트를 수집하다 보니 독일 바바리아의 빈티지 티포트가 상당히 많아졌는데, 그중에 특히 아끼는 티포트가 5개 있다. 5개 모두 크기와 색깔이 다양해서 티파티를 열 때나 손님이 왔을 때 종종 꺼내곤 한다. 핑크빛 잔꽃 무늬가 그려진 섬세하고 여성스러운 라인의 커피포트는 보는 사람마다 탐내는 아이템 중 하나인데, 프랑스 찻잔들과 매치해도 잘 어울려 특히 여성스러운 티 테이블에 꺼내 놓게 된다. 화이트에 골드 라인이 들어간 티포트는 크리스마스나 화이트와 골드로 어우러진 티 테이블에 꺼낸다. 용량도 넉넉하여 티파티에 특히 종종 등장하는 티포트다.

가든 부케를 떠오르게 할 만큼 꽃들이 가득한 티포트는 꽃무늬가 그려진 찻잔과 함께 매치한다. 하얀 바탕에 테두리가 파란 꽃 그림으로 둘러싸인 티포트는 파란 색감이 들어간 찻잔과 함께 꺼내면 잘 어울린다. 굽이 높고 싱그러운 초록이 가득한 바바리아의 티포트는 여성스러운 라인과 우아함이 포인트다. 찻잔과 티포트는 꼭 세트가 아니어도 색감이나 문양을 잘 맞추면 근사한 티 테이블이 완성된다.

영국 더체스 Duchess 브랜드의 준 부케 June Bouquet 도 아끼는 티포트 중 하나다. 전형적으로 아랫면이 넓적하고 둥근 형태의 티포트로, 핑크빛 작은 장미꽃이 한가득 피어 있다. 사랑스러운 봄날의 처녀를 떠올리게 하는 티포트로 더체스의 찻잔을 꺼낼 때마다 등장한다.

그 외에도 특히 아끼는 수지 쿠퍼의 글렌 미스트 티포트와 가을이면 꺼내는 브라운 색감의 바바리아 티포트, 심플하고 깔끔해서 어느 찻잔과도 잘 어울리는 아이보리의 웨지우드 티포트, 레트로 감성이 물씬 묻어나는 스태퍼드셔 Staffordshire 미드윈터 Midwinter 티포트, 정열의 스페인을 대변하는 듯한 화려하고 강렬한 폰테사의 영 레인지 The Young Range, 그리고 과감한 붓 터치가 인상적인 러시아의 티포트까지, 빈티지 티포트를 하나하나 꺼내 보면 어느새 이렇게 다양한 티포트를 품에 안았다는 사실에 기분이 좋아진다.

얼마나 많은 차를 우려내고, 얼마나 많은 차를 따라 냈을까. 뚜껑에 실금이 가고, 사용감이 가득한 티포트를 어루만지며 그들의 이야기에 귀를 기울여 본다. 조르륵 차를 따라 내는 주둥이로 무언가 이야기해 주는 것만 같아서 빈티지 티포트에 차를 우리면 더 신이 난다. 더 많은 이야기로 테이블이 채워지는 것만 같아서, 그게 바로 빈티지 티포트의 매력이다.

### Tip

아스토니시 Astonish 를 사용하면 티포트를 깨끗하게 닦을 수 있다. 영국산 친환경 세제인 아스토니시는 탄산나트륨과 과탄산나트륨으로 이루어진 약알칼리성 분말로 소량의 세제를 티포트에 넣고 뜨거운 물을 부은 후 2~3분 정도 그대로 두면 깨끗하게 닦인다.

바바리아의 대용량 티포트
4인 이상의 티파티가 있을 때 꼭 필요한 아이템이다. 심플한 화이트&골드가 고급스럽고 어디에나 잘 어울린다.

투박한 멋

## 도자기 그릇

    화려한 서양 브랜드 찻잔들도, 빈티지 그릇도 좋지만 난 우리 도자기 그릇도 참 좋아한다. 매년 어떤 도자기가 유행하고, 어떤 도자기 브랜드가 새로 만들어졌는지 살펴보기 위해 이천 도자기 축제는 빠짐없이 참관하고, 인터넷 도자기 브랜드 숍도 들락날락한다. 그뿐만이 아니다. 개인적으로 꽤 자주 들르는 곳이 바로 사기막골 도예촌이다. 순전히 우리 도자기로 가득한 매력 넘치는 동네. 네덜란드 친구가 한국에 처음으로 방문했을 때 특별한 추억을 심어주기 위해 이곳에 데려갔다. 기대 이상으로 좋아하고 들떠하는 모습을 보고 우리 도자기에 대한 자긍심에 뿌듯했다.

    사기막골 도예촌에는 내가 좋아하는 도자기 숍이 다 모여 있다. '사푼', '무경도자기', '토화담', '붉은 여우', '품어', '토판', '가마가 텅 빈 날' 등 큰 동네는 아니지만 구석구석 제대로 구경하려면 반나절은 족히 걸린다. 사기막골 도예촌에서 내가 가장 좋아하는 도자기 숍은 '가마가 텅 빈 날'이다. 위트 넘치는 이름만큼이나, 센스 넘치는 사장님이 운영하는 매력 만점의 도

My tableware story

자기 숍. 가마가 텅 빈 날의 생활 도자기는 그야말로 으뜸이다. 튼튼하고, 개성 넘치고 멋스러운데 쓰임새까지 좋으니, 이보다 사랑스러울 수가 있을까. 나의 네덜란드 친구도 이곳에서 부대찌개를 먹고, 마음에 드는 그릇을 하나 구입하고, 예쁜 머그잔도 선물로 받아 들고 갔다.

가마가 텅 빈 날의 도자기들은 하나같이 마음에 들뿐더러, 테이블 위에만 올려놓으면 테이블 세팅이란 게 따로 필요 없을 만큼 멋스럽다. 그중에서 특히 아끼는 도자기가 있다면 바로 오브제이다. 떡이나 한과 같은 우리나라 다식은 물론이고, 마카롱과 같은 프티 사이즈의 티 푸드를 올려놓아도 그렇게 보기 좋을 수가 없다. 과일을 깎아 얹어도, 혹은 나물이나 젓갈 같은 반찬을 올려도 꼭 제자리를 찾은 것처럼 잘 어울린다. 내가 참으로 아끼는 가마가 텅 빈 날 머그잔에, 티 푸드 몇 개 얹은 오브제만 있으면 언제든 멋스러움 가득한 티타임이 완성된다.

'사푼'의 단아하고 깔끔한 도자기들도 참 좋아한다. 물고기 수저받침은 받침으로도 잘 쓰지만 작은 티 푸드를 얹어 놓을 때도 좋다. 티 매트와 플레이트 모두 사용이 가능한 깔끔한 빗살 화이트 접시도 참 좋아하는 그릇이다. 오밀조밀 한식 반찬을 담아내도 좋고, 혼자만을 위한 티타임에 티 매트로 활용해도 좋다. 색감이며, 빗살 무늬며, 심플하면서도 질리지 않고 오래 사용할 수 있는 이 플레이트는 몇 년째 나의 주방에서 사랑받고 있다. 그 외

신경희 작가의 정겨운 다관

가마가 텅 빈 날의 따스한 감성이 느껴지는 도자기

에도 '손소'의 귀여운 얼굴 모양 그릇은 아이들 간식용으로 그만이고, 꽃 모양 수저받침은 찻잔 받침으로 사용하고 있다. 무경도자기의 직화 그릇들은 테이블 세팅에 감각을 더해 준다.

　도톰하고 투박하면서도 정겨운 도자기 그릇. 따뜻한 요리나 밥상에 우리네 도자기 그릇을 꺼내면 특별한 온기가 더해지는 것만 같다. 손잡이 그릇에는 오래오래 끓여 낸 스튜를 담고, 넓고 깊은 볼에는 추위를 물리쳐 줄 뜨끈한 어묵탕을 담아낸다. 넓적한 볼에는 샐러드를 듬뿍 담아도 좋고, 닭볶음탕이나 찜닭 같은 메인 요리를 담아내기도 좋다. 넉넉한 사이즈의 나눔잔에는 우엉차나 도라지차 같은 대용차를 따라 마시고, 오래도록 온기를 유지해 줄 것 같은 머그잔엔 막 내린 커피 한 잔을 조르륵 따라 낸다. 하나하나 정성껏 빚어 가마에서 구워 낸, 우리네 도자기 그릇은 알 수 없는 향수를 불러일으키고, 테이블 위의 온도를 1도씩 높여 준다. 그 안에 담긴 요리는 그릇처럼 따스하고 정겨워서 오래도록 기억에 남는다. 화려하진 않지만 그 누구도 따라올 수 없는 우리네 도자기, 그 멋스러움이 참 좋다.

이천 도자기 축제에서 만날 수 있는 다양한 도자기 그릇

**취향
셋**

Tea and flowers

## 꽃이 좋다

꽃으로 영감받고 자극받아 아이들의 감성이 풍부해지고 시선이 다양해질 수 있다는 것은 엄마인 내가 아이들의 삶에 줄 수 있는 작은 선물이 아닌가 싶다. 아름다운 것을 보고, 그 아름다움을 느끼고 표현할 수 있다는 것은 당연한 듯하지만 바쁜 일상 속에서 많은 사람이 놓치고 있는 즐거움이기도 하니까.

보고만 있어도 행복해지는

꽃을 배우다

    티파티 혹은 브런치, 저녁 모임이 있을 때 테이블 위에서 빠질 수 없는 아이템이 하나 있다. 조금 더 멋지고 우아한 테이블로 만들어 줄 수 있는, 보고만 있어도 행복해지는 그것, 바로 꽃이다. 꽃은 평범한 일상을 좀 더 특별하게 만들어 주고, 축 처진 아침을 화사하게 빛내주기도 한다. 그런 꽃을 매만져 하나의 작품으로 만들어 내는 일, 이보다 더 행복한 취미거리가 있을까.
    티파티가 있을 때면 늘, 나 스스로 센터피스를 만들 수 있으면 좋겠다는 생각을 했다. 전문가의 손을 빌려 만든 센터피스는 분명히 아름답고 멋지지만, 나의 티파티인 만큼 나 스스로 해 보고 싶다는 욕심이 들었다. 마침, 그런 나의 열망을 실현할 좋은 기회가 생겼다. 집 근처에 있던 플라워 카페 쏠레이 Soleil에서 플라워 클래스를 한다는 사실을 알게 된 것. 큰 욕심은 없었다. 꽃을 만지는 즐거움을 알게 되고, 티파티를 위한 세련된 꽃 선별을 할 수 있을 정도로 꽃을 만나 보고 싶었다. 그 무엇보다도 꽃을 알아 갈 수 있는 기회가 생겼다는 사실이 그저 행복했다.

쏠레이 선생님은 한창 유행하는 프렌치 스타일보다는, 흔히 영국 스타일이라고들 부르는 단정하고 깔끔한 스타일을 선호하셨다. 하지만 클래스에서는 지극히 자유롭고 내추럴한 스타일의 프렌치, 한층 정돈되어 깔끔한 스타일의 브리티시, 두 가지 장점을 모두 표현할 수 있는 믹싱 스타일 등 다양한 스타일을 모두 접할 수 있었다. 브리티시 스타일은 브리티시 스타일대로, 프렌치 스타일은 프렌치 스타일대로 그 나름의 이야기와 감성을 담고 있어서 꽃을 알아 가는 나로서는 모든 게 그저 예뻐 보이기만 했다. 어떤 날은 저런 스타일이, 어떤 날은 이런 스타일이, 어떤 날은 화사한 꽃이, 또 어떤 날은 싱그러운 소재가, 어떤 날은 화형이 큰 꽃이, 어떤 날은 작은 꽃이… 수많은 선택과 취향의 다름이 있어서 날이 갈수록 꽃과의 만남은 내게 더 큰 즐거움을 선사해 주었다.

손이 아프도록 만들고 풀고를 반복했던 꽃다발과 여성스러움의 극치였던 부케와 화관, 테이블에 올려 두고는 꽤 마음에 들었던 센터피스와 색다른 즐거움을 선사해 주었던 토피어리Topiary…. 일주일에 한 번 만나는 꽃은 나에게도, 신랑에게도, 아이들에게도, 그리고 또 내 가까이 있던 친구와 이웃들에게도 작은 행복을 전해 주었다.

무언가를 배운다는 것은 새로운 감성을 위한 자극이 되기도 한다. 앎의 즐거움과 새로운 무언과의 만남으로 인한 두근거림, 아름다운 것을 만질

강렬한 빨간색 촛불 맨드라미, 이름도 생김새도 특이한 알륨, 정말 이름처럼 호랑이 눈을 꽂아 만든 것 같은 독특한 질감의 파베 스타일의 센터피스

수 있다는 행복감은 일상을 풍성하게 채워 준다. 하지만 무엇보다도 중요한 건 관계가 아닌가 싶다. 처음으로 나에게 꽃을 가르쳐 준 선생님, 그리고 그 시간을 함께 나눌 수 있었던 클래스메이트. 지금까지도 꽃을 기분 좋게 만날 수 있고 꽃을 만질 때마다 누군가를 떠올릴 수 있다는 것은, 단순히 꽃을 배워서가 아니라 꽃과 함께, 누군가와 함께 그 시간을 나누었기 때문이 아닐까.

    문득 쏠레이의 길고 단단한 나무 테이블이 그리워지는 날이다. 이른 아침 그곳으로 걸어가던 나의 발걸음과 문을 열고 들어서면 느낄 수 있었던 감미로운 꽃향기, 내 손을 스쳐 지나가던 꽃잎과 싱그러운 소재의 느낌이 또렷하게 기억나는 순간. 추억이 있어서 더욱 향긋했던 쏠레이의 플라워 클래스, 언젠가 다시 한번 그곳을 찾고 싶다.

## Tip

### 꽃과 함께 와인 선물하기

**내 손으로 처음 만든 플라워 바스켓** 유칼립투스 Eucalyptus 와 리시안셔스 Lisianthus, 수국과 부발디아 Bouvardia 로 고급스러우면서도 발랄한 느낌의 바스켓을 만들었다.
선물용 플라워 바스켓인 만큼, 와인도 한 병 담아 와인색 페이퍼와 리본으로 마무리했다. 얼핏 보면 별것 아니지만 어떤 색깔, 어떤 재질의 페이퍼와 리본으로 포장하느냐에 따라 느낌이 확 달라진다. 집들이나 특별한 날을 위한 선물로 그만이다. 결혼기념일인 친구에게 부족한 솜씨지만 마음을 담아 와인이 담긴 플라워 바스켓을 선물했는데, 상상 이상으로 고마워하고 좋아하는 모습을 보고 뿌듯했다.
특별한 꽃 선물이 필요할 때, 선별한 와인 한 병을 담아 만든 플라워 바스켓을 선물하면 어떨까?

**작은 꽃 브로치** 친구에게 와인병에 꽃을 달아 선물했다. 주먹만 한 크기의 작은 꽃 브로치는 만들기 쉽고 간단하지만 특별한 포인트가 되어 준다. 와인병이나 선물 상자에 꽃 브로치를 달고 예쁜 리본으로 마무리하면 완성. 꽃 몇 송이와 20분만 투자하면 주는 사람도 기분 좋고, 받는 사람도 기분 좋은 일석이조의 선물이 완성된다.

하루가 향긋해지는

꽃 시장

"엄마랑 꽃 시장 갈까?"
"좋아!"
　딸아이와 나에게 자유 시간이 주어진 오전이면, 혹은 한 번쯤 둘만의 데이트가 필요한 오전이면 우리는 고속버스터미널로 향한다. 각종 소품과 볼거리가 가득하고, 이름 모를 꽃들이 아름다운 자태를 뽐내는 강남 고속버스터미널 꽃 시장. 다들 잠든 밤에 문을 열어 오후 12시면 문을 닫는 비밀스러운 이 공간을, 나는 딸과의 데이트 장소로 정하고 함께 찾아가곤 했다. 꽃 시장을 갈 때면 쏠레이의 꽃 선생님은 언제나 어떤 꽃이 제철이고, 가격이 가장 저렴하고 좋은지 주옥같은 정보들을 귀띔해 주시곤 했다.
　딸아이와 나는 꽃을 참 좋아한다. 그리고 앙증맞고 예쁘장한 소품들도 무척이나 좋아한다. 취향이 비슷한 우리는 친구처럼 손을 붙잡고 꽃 시장 에스컬레이터를 올라간다.
　"엄마, 나 오늘도 노란색 퐁퐁 살래!"

"기연이가 좋아하는 보라색 리시안셔스는 어때?"
"퐁퐁도 사고 리시안셔스도 사도 돼요? 앗, 천일홍은요?"

재잘재잘 여자들만의 꽃수다를 피우며 문을 열고 들어간 그곳은 꽃 천국. 시장이지만 향기롭고 아름답기 그지없다. 빨강, 노랑, 분홍, 보라, 초록…. 일일이 나열할 수 없는 자연의 아름다운 색감이 가득한 꽃 시장은 그 안에 있다는 것만으로도 우리에게 큰 행복을 선사해 준다. 향기에 취해 저절로 발걸음을 옮기며 우리를 반겨 주는 꽃들을 만나 본다.

오래오래 두고 볼 수 있는 알스트로메리야Alstroemeria, 우아하고 여성스러운 자태가 참으로 곱디고운 라넌큘러스Ranunculus, 만날 수 있는 시간은 짧지만 강렬한 매력으로 모두를 사로잡는 작약, 딸아이가 특히 좋아하는 보라색의 리시안셔스, 빈티지한 매력이 그득한 피타하야Pitahaya, 다발만큼 큰 행복을 선사해 주는 수국, 내가 가장 좋아하는 장미 자나Rose Jana, 말리는 재미에 한 다발씩 꼭 들고 오게 되는 천일홍….

　수많은 꽃을 만나고 사진 속에 담다가, 마음에 드는 꽃으로 두세 다발 사오면 부자가 된 듯한 기분이 든다. 적은 돈으로 풍족한 꽃들을 품 안에 안을 수 있으니까. 꽃을 좋아하는 딸아이 역시, 한 다발에 만족하지 못하고 자꾸만 다른 꽃에 욕심을 부린다. 하지만 늘 집으로 데려오는 꽃은 퐁퐁, 아니면 천일홍, 아니면 리시안셔스. 취향이 확실하다.

　오늘 나에게 선택된 꽃들을 집으로 가져가 내 마음대로 스타일링할 생각에 들뜨기도 한다. 꽃을 꽤 다양하게 구입한 날은 플로랄 폼을 활용해 작은 센터피스를 만들기도 하고, 꽃가위를 들고 적당한 길이로 잘라 작은 유리병에 나누어 꽂고 집안 곳곳에 사랑스러운 분위기를 더해 주기도 하고, 티파티의 세팅을 위해 테이블 매트마다 꽃 한두 송이를 살며시 놓아두기도 한다. 그것 하나만으로도 집안 분위기가 확연히 달라진다. 화형이 큰 수국이나 백합, 카라는 긴 유리병에 꽂아 해가 잘 드는 베란다나 테이블 옆에 놓아두곤 한다.

 꽃 시장에서 꽃만 사서 돌아오는 건 아니다. 언제나 새로운 소품들이 가득한 꽃 시장에서 딸아이와 나는 각자에게 필요한 소품이나 화병을 골라 들고 환한 미소를 짓는다. 맑은 블루 컬러가 참 예쁜 화병은 딸아이가 직접 골라주었다. 자기가 좋아하는 리시안셔스를 꽂으면 참 예쁠 것 같다며.

 소소한 행복이 가득한 한국의 꽃 시장은, 엄마와 딸만이 아는 비밀스러운 추억의 장소이자 꽃을 보면 문득 떠오르는 딸아이와 소중한 추억이 깃든 곳이다. 그 시간이 그리워지면 나는 패리스Parris로 발걸음을 옮긴다. 한국의 꽃 시장을 떠올리게 하는 인도, 첸나이Chennai 패리스. 형형색색의 각종 꽃이 가득한 그곳 역시 아름다운 향기로 가득하다. 뜨거운 햇살 아래 펼쳐진 꽃 무더기 속에서 오늘을 향긋하게 만들어 줄 꽃을 찾아낸다. 한국도, 인도도, 꽃 시장은 참으로 똑같다며….

 인도의 꽃 시장은 아직 딸아이와 함께 간 적이 없다. 기회가 된다면 손을

꼭 붙들고 함께 찾아가야겠다. 어릴 적 추억을 곱씹으며, 인도의 꽃향기에 취해 볼까.

## Tip

### 꽃 시장에 갈 때마다 사는 유칼립투스Eucalyptus 활용법

**꽃과 함께 매치** 유칼립투스는 멋스러우면서도 자연스러워 어느 꽃과도 환상적인 매치를 선보여 가장 쉽지만 가장 세련된 소재이다.
풍성한 꽃다발 사이사이에 몇 가닥 비죽이 튀어나온 유칼립투스는 꽃다발에 세련미를 더하고, 장미 한두 송이와 함께 매치하면 사랑스러움이 가득하다.

**다발로 멋스럽게 연출** 유칼립투스는 꽃 시장에 갈 때마다 데려오는 나의 단골 아이템이다. 한 다발 가득 품에 안고 돌아와 주방이나 다이닝 룸에 말려 놓으면, 유칼립투스 특유의 은은한 향기가 피어올라 그렇게 기분이 좋을 수가 없다.
말려서 오래오래 걸어 두어도 모양이나 색이 잘 바래지 않아 좋다. 말린 유칼립투스는 여러모로 활용이 가능하다.

**선물 포장** 말린 유칼립투스는 선물 포장을 할 때 참 유용하다. 가닥가닥 잘라서 리본 사이에 살짝 끼워 넣으면 자연의 멋이 물씬 느껴진다. 박스 안에 선물과 카드를 넣고 그 위에 말린 유칼립투스 한두 줄기를 살포시 넣어도 은은한 향기와 더불어 선물하는 사람의 마음을 전할 수 있다.

꽃이 주는 마법 같은 즐거움

## 파티 그리고 꽃

나는 파티를 좋아한다. 티파티, 포틀럭Potluck 파티, 와인 파티, 비어 파티….
종류를 불문하고 '파티'라는 이름이 붙는 시간을 좋아한다. 단순히 친구들
과의 저녁 모임이라도 파티라는 이름을 붙이면 왠지 모르게 특별하게 느껴
지기 때문이다. 거창한 무언가를 원해서가 아니다. 파티라는 이름 하나로
모두가 더 신나게 즐길 수 있다면 좋지 아니한가!

파티를 좋아하는 만큼 나는 사람들을 초대하는 것을 좋아한다. 그날의
콘셉트에 따라 음식을 준비하고, 테이블보와 매트를 꺼낸 후 어울리는 플
레이트와 커틀러리, 글라스를 꺼내어 테이블을 세팅한다. 그리고 마지막으
로 테이블을 완성할 수 있는 꽃을 준비한다. 작은 파티라도 꽃이 빠지면 서
운하다. 하다못해 들국화 한 다발이라도 사와 물꽂이를 해 두면 분위기가
180도 달라진다.

한국에서는 파티가 있을 때 단골 꽃집이자 플라워 선생님이 계신 쏠레이
에 가서 종종 꽃을 주문하곤 했다. 파티의 분위기와 색감을 말하면 그에 꼭

재스민 꽃을 엮거나 꽃송이만 떼어 파는 인도에서는 색다른 플라워 연출이 가능하다.
다양한 종류의 꽃을 만날 수 없어 아쉽지만 새로운 스타일의 꽃을 활용하는 재미도 쏠쏠하다.

어울리는 센터피스나 물꽂이용 다발을 준비해 놓으셨기 때문이다. 선생님의 센스는 언제나 나를 만족시켰다. 가끔 진정한 프렌치 스타일의 꽃이 필요할 때면 아뜰리에 슈크레에 주문을 넣었는데, 쉽게 볼 수 없는 꽃과 화기에 늘 감동하곤 했다.

그리고 이곳 인도, 첸나이에서는 파티 당일 아침에 꽃집을 찾곤 한다. 이곳은 늘 여름이다 보니 꽃이 금세 시들어 이왕이면 당일 아침에 싱싱한 꽃으로 데려오는 게 좋다. 사실 첸나이에서는 한국처럼 세련되고 다양한 스타일의 꽃을 찾기가 쉽지 않아 아쉽고 그리운 점도 있지만, 길에서 재스민 꽃을 엮어 만든 재스민 다발 같은 이곳에서만 만날 수 있는, 인위적이지 않은 꽃을 즐기는 쪽으로 마음을 돌렸다. 파티 날이 되면 장미나 백합, 카네이션이나 거베라 Gerbera, 들국화 같은 꽃을 한 다발씩 사와 내 마음대로 화병에 꽂아 넣는다. 그리고 꼭 재스민 한 다발을 사서 다이닝 룸 어딘가에 걸어 두면 은은한 재스민 향기가 온 집안에 퍼져 자연스러운 방향제 역할을 한다.

지금은 세련된 꽃다발이 그리울지 몰라도, 몇 년이 지나면 인도 스타일의 꽃다발이나 길에서 파는 재스민 다발이 그리워질 수도 있을 테니.

    티파티를 할 때는 특히 꽃에 신경을 쓰는데, 티파티에 올려놓는 꽃이야말로 테이블의 분위기를 좌지우지하기 때문이다. 시원한 여름 콘셉트의 티파티에는 해바라기를 사다 꽂아 놓기도 하고, 여성스럽고 우아한 티파티에는 프렌치 스타일의 센터피스를 특별 주문한다. 센터피스의 전체적인 색감뿐만 아니라 화병도 분위기에 한몫하는데, 이런 나의 요구 사항을 한꺼번에 잡아낼 수 있는 단골 꽃집이 꼭 필요하다. 거기에 프랑스 티 잔들과 플레이트, 프랑스 브랜드의 차가 준비되면 완벽한 티파티가 될 것이다.

    부부 동반 모임이건, 회사 모임이건, 저녁 모임이건 나는 꽃을 빼놓지 않는다. 집안 곳곳에 꽃을 가득 담은 화병을 놓아둔다든지, 작은 병에 꽃을 담아 테이블 곳곳에 꽂아 둔다. 혹은 테이블 곳곳에 꽃잎이나 꽃을 흩뿌려두거나 플레이트에 예쁜 꽃 한 송이를 올려놓아, 손님들이 대접받는다는 기분이 들도록 한다. 대접받는다는 것은 기분 좋은 일이니까. 난 나의 손님들이 우리 집 테이블에 앉는 순간부터 최고의 게스트가 되는 기분을 누렸으면 좋겠다.

알고 보면 별것 아닌 꽃 한 다발만으로도 사람들에게 기쁨을 줄 수 있다. 파티 전에 꽃 한 다발을 사다 놓는 작은 수고가 나와 상대방 모두에게 큰 행복으로 돌아온다는 나만의 작은 철학을, 꽃이 주는 마법과 같은 즐거움을 앞으로도 나는 마음껏 누릴 생각이다. 우리 집 테이블을 찾는 손님들도 꽃의 마법에 살짝 취해 보길 빌며….

## Tip

**꽃으로 파티 분위기를 살리는 방법**

**센터피스 활용**
파티 콘셉트에 어울리는 센터피스를 테이블에 올려 두면 분위기가 한층 살아난다.

**미니 저그를 화병으로 활용**
귀엽고 산뜻한 분위기의 티파티에는 작은 유리 저그에 앙증맞은 꽃들을 예쁘게 꽂아 넣어 사랑스러운 분위기를 더해 주기도 한다.

**줄기 없는 상태로 장식**
꽃잎을 테이블 곳곳에 뿌리거나 꽃 머리만 잘라서 접시 위에 데코해도 사랑스럽다.

꽃을 사랑한

아이들

　둘째인 아들 녀석은, 신기하게도 '꽃'에 남다른 관심을 보이곤 했다. 꽃을 배우거나 만들어 오는 날이면 어김없이 꽃 앞에 앉아 한참을 바라보며 꽃향기를 맡고 꽃의 이름을 물어보곤 했다. 예쁘게 만들어진 센터피스를 보면 "노란 꽃이 향기롭다.", "오늘은 꽃들이 엄마처럼 예쁘다."처럼, 감성적인 한마디를 던져 놀라곤 했다.
　플라워 클래스가 없는 날에도 아무 이유 없이 꽃을 사 오곤 했는데, 단순히 집안을 화사하게 만들거나 내 기분을 좋게 만들기 위한, 내가 나에게 주는 작은 선물과도 같았다. 그런 날이면 엄마의 마음을 읽어 주듯, 아들내미는 꽃병 앞으로 달려가 감탄사를 내뱉으며 그 앞에서 한참을 머무르곤 한다. 길에서도 그냥 스쳐 지나가기 쉬운 들꽃이나 작은 계란 꽃이 피어 있으면 그 앞에서 한동안 머물며 꽃을 바라보거나, 꽃 한 송이를 꺾어 엄마에게 선사해 주곤 하는 낭만적인 우리 아들.
　아침마다 어린이집에 등원할 때도, 어린이집 앞에 핀 이름 모를 핑크빛 꽃을 그냥 지나치지 못하는 아들이었다. 선생님은 기억하실지 모르겠지만, 매일 아침 그 꽃을 한 송이씩 꺾어 선생님의 손에 쥐여 주며 수줍은 듯 미소를 지었다. 이곳 인도에서도 한 번씩 이름 모를 꽃을 꺾어와 엄마의 머리에 꽂아 주거나 손 위에 얹어 주는 낭만적인 아들이다. 문득문득 기분이 좋을 때면, 혹은 학교에 간 누나가 보고 싶을 때면 "엄마, 나 누나에게 꽃 선물해 주고 싶어!"라는 멘트도 날려 준다. 지금처럼만 자라 준다면…. 지금처럼 꽃이 주는 작은 기쁨을 아는 낭만적인 남자로 자라 주었으면 좋겠다는 게 엄마의 작은 소망이다.

큰딸은 조금 다르다. 아들만큼 꽃에 특별한 관심을 보이지 않지만 꽃을 만나러 가는 짧은 여행을 좋아하고, 수많은 꽃을 보고 그중에서 마음에 드는 꽃을 골라 사는 걸 좋아하고, 사 온 꽃을 꽂아 두거나 말리는 것을 좋아하고, 꽂아 둔 꽃을 그림으로 남기는 것을 좋아한다. 한 번씩 열어 보면 딸아이의 작은 가방 속에는 이름 모를 꽃과 나뭇잎들이 가득하다. 그런 모습을 볼 때면 괜스레 미소가 지어진다.

매일은 아니지만 한 번씩 테이블 위에 꽃을 꽂아 두면, 딸아이는 어느새 그림으로 꽃을 옮겨 두고, 아들은 지나가며 킁킁 향기를 맡고는 나에게 쪼르르 달려와 말한다. "엄마, 꽃에서 엄마 냄새가 나!" 분명한 것은 꽃으로 인해 나의 삶과 더불어 아이들의 삶이 풍요로워졌다는 것이다. 꽃으로 영감받고 자극받아, 아이들의 감성이 풍부해지고 시선이 다양해질 수 있다는 것은 엄마인 내가 아이들의 삶에 줄 수 있는 작은 선물이 아닌가 싶다. 아름다운 것을 보고, 그 아름다움을 느끼고 표현할 수 있다는 것은 당연한 듯하지만, 바쁜 일상 속에서 많은 사람이 놓치고 있는 즐거움이기도 하니까.

내
게
너
무
특
별
한

## 플라워 클래스

벌써 일 년하고도 반년이 훌쩍 지난 듯싶다. RENG f&f의 김지영 플로리스트의 클래스는 지금도 생각하면 꿈만 같다. 나와 딸, 그리고 나의 특별한 벗을 위해 그녀가 준비했던 특별한 원 데이 프라이빗 플라워 클래스를 담은 사진을 보면, 싱싱하고 아름답던 꽃의 질감이 생생하게 느껴진다. 그 공간 속에서 피어오르던 향기에 흠뻑 취하고, 함께 마셨던 차에서 김이 모락모락 피어오르던 모습까지도 또렷이 기억이 난다. 서두르지 않고 천천히, 차근차근 느림의 미학을 보여 주었던 그녀는, 지금 RENG f&f라는 자기를 똑 닮은 극히 상업적이지 않은 꽃 일을 시작했다. 이곳 인도에서 전해 듣는 그녀의 꽃 이야기는 보는 것만으로도, 듣는 것만으로도 설렘 가득하다. 이번 여름에 한국에 들어가면 꼭, 그 자취를 내 눈으로 직접 보리라. 그날을 손꼽아 기다리고 있다.

그녀의 집은 마법 같은 공간이다. 아기자기하다는 말로는 부족할 만큼 황홀한 집. 집안 곳곳에 빼곡하게 들어선 찻장들 속에는 "아!" 하고 감탄사

를 내뱉을 만큼 아름다운 빈티지 찻잔들이 가득 들어차 있다. 하나하나 구경하는 재미에 시간 가는 줄 모른다. 도자기로 된 찻잔들 틈에서 딸에게 연거푸 주의를 주면서 말이다. 하지만 아이도 이미 찻잔들의 가치를 알고 있다. 충분히 조심스럽게 그 공간을 함께 감상하고 있으니 말이다.

빈티지한 바스켓에 물을 흠뻑 빨아들인 싱싱한 꽃들이 줄지어 서 있다. 짙은 향기를 뿜는 유칼립투스와 독특한 색감의 벨라로사 Bella Rosa, 진한 분홍 핑크하트, 장미 중에서 내가 가장 좋아하는 자나, 매력 만점의 스카비오사 Scabiosa, 사랑스럽기 그지없는 옥시페탈룸 Oxypetalum, 크리스마스에 종종 보이곤 했던 실버벨 같은 브루니아 Brunia 까지, 다양한 꽃과 이 많은 꽃을 작품으로 탄생시키기 위한 작은 소품 하나하나까지 완벽했던 순간이었다.

이날 나는 화려한 리스를 만들고 딸은 작은 빈티지 양철통에 꽃을 꽂아 넣기로 했다. 꽃을 배웠지만 영국식보다는 조금 더 자유롭고 센세이셔널한 프렌치 스타일은 처음으로 도전하는 터라 살짝 긴장되기도 했다. 하지만 포근하고 아늑한 그녀의 공간 속에서 긴장감은 어느새 사라지고, 조곤조곤 설명해 주는 그녀의 차분한 목소리 덕분에 나는 어느새 마음가짐만큼은 프로페셔널한 플로리스트로 변신해 있었다.

제대로 된 꽃꽂이는 처음 해 보는 딸은, 다양한 종류와 색감의 꽃을 보고 이미 잔뜩 흥분한 상태였다. 작은 빈티지 바스켓 안에 과감하게 소재와 꽃을 꽂아 내는 꼬마 아가씨를 보며, 세 명의 어른들은 "그래, 너는 프렌치 스타일이다!"라며 어른이 갖지 못한 자유로운 아이의 감성에 감탄했다.

내 친구와 나는 다소 조심스럽게 리스를 만들기 시작했다. 자연의 색깔은 어쩜 이리도 아름다울까. 자연이 주는 즐거움은 어쩜 이리도 황홀할까. 한 송이, 한 송이 꽃을 꽂으며 꽃처럼 아름다운 사람이 되고 싶다는 생각을 해 본다. 아름다움에 대한 탐닉은 사람의 본능일 것이다. 꽃이 주는 그 즐거움, 중독성 강한 그 즐거움 때문에 나는 자꾸만 꽃을 탐하게 되는 것 같다. 꽃 자체로도 아름답지만 누구에게 보여 주고 싶어서라기보다는, 스스로 느끼는 만족감 때문에 꽃을 보기 좋게 만들어 내는 그 과정이 나는 또한 좋다. 그녀의 공간 속에서 꽃을 만지면서, 전문가로서가 아닌 마음 편히 취미로서, 그렇게 꽃을 즐기고 싶다고 다시 한번 생각했다. 할 수만 있다면 매일 오

고 싶은 그녀의 공간 속에서 정말이지 꿈같은 시간을 보냈다.

   같은 재료로 리스를 만들어도 만드는 사람의 성격과 개성에 따라 전혀 다른 결과물이 나온다는 사실이 참 신기하다. 이번에도 어김없다. 보기보다 덜렁대고 성격도 급한 나는 과감하면서도 볼륨감이 큰 사이즈의 리스를 만들었다. 반면 꼼꼼하고 침착한 성격의 친구는 사이즈는 작지만 촘촘하고 아기자기한 리스를 만들었다. 완성된 꽃을 비교해 보며, 우린 까르르 웃어대고 사진을 찍어 대며 달콤한 디저트와 한 잔의 차로 특별한 플라워 클래스를 마무리했다.

   타지에서 좋은 친구를 만들기 힘들었던 내 친구는, 그 뒤로도 그녀의 플라워 클래스를 다니며 더 아름답고 풍요로운 삶을 즐기게 되었다. 인도로 떠나온 나는 그날의 특별한 클래스를 그리워하며 다시 한번 그곳을 찾을 날을 기다리고 있지만 말이다. 한국을 떠나기 전, 나와 딸에게는 잊을 수 없는 행복한 추억이 되었을 뿐만 아니라, 내게 소중한 좋은 사람, 둘을 이어주는 징검다리 역할을 했다는 점에서 더욱 뿌듯했던 그날의 플라워 클래스. 특별하다는 것은 이런 것이다. 그녀의 특별함이 빛을 발하게 될 줄, 훨씬 전부터 나는 알고 있었다. 그래서 그 특별한 클래스를 누릴 수 있었던 나는 참으로 행운아라고 생각한다. 언젠가 또 한 번의 특별한 클래스를 손꼽아 기다린다. 이번에는 그녀의 개인적인 공간이 아닌, 그녀의 프로페셔널한 RENG f&f의 공간에서 말이다.

오
래
겉
에
두
고
보
는

## 꽃 관리법

나는 꽃을 즐기는 사람이다. 꽃에 대한 전문가도, 꽃을 잘 아는 사람도 결코 아니다. 하지만 꽃을 모른다고 해서 꽃을 좋아할 자격이 없는 것은 아니다. 그렇지만 분명히, 모든 취미가 그렇듯 꽃을 조금 더 잘 알게 되면 꽃을 더욱 제대로 즐길 수 있다. 꽃을 배우면서, 혹은 꽃 전문가들을 통해서 알게 된 기본적인 몇 가지를 나누고자 한다.

가장 먼저, 내가 좋아하는 꽃이나 식물의 이름 정도는 기억하자. 사람도 그렇지만 꽃 역시도 이름을 자꾸 부르고 기억하면 그 꽃에 대한 흥미가 높아지기 마련이다. 고속버스터미널 꽃 상가를 가든지, 동네 꽃집을 가든지, 내가 아는 꽃의 이름을 외칠 때의 희열이란! 내 품에 안기게 되는 그 꽃이 더욱 사랑스럽게 느껴진다.

사계절이 모두 여름인 이곳 인도 첸나이에서 만난 친구들이 이런 말을 한 적이 있다. "인도 꽃은 유독 빨리 시들어." 그래서 날씨가 원인이라고 말해 주었더니 다들 생각지도 못했다며 고개를 끄덕였다. 한밤에도 푹푹 찌

# Flowers make you happy

는 열대야가 계속되는 날에는 화병 채로 냉장고에 잠시 보관해 두는 것도 좋은 방법이다.

　화분에 심은 꽃이나 식물을 오래오래 잘 키우는 가장 확실한 방법은 관심을 두는 것이다. 꽃집에서 일주일에 한 번, 열흘에 한 번씩 물을 주라고 해서 그대로 했는데도 시들었다며 투덜대는 사람들이 많다. 식물은 로봇이 아니다. 일반적으로 화분의 흙을 확인해 보고 흙 안쪽까지도 말라 있다면 그때 물을 충분히 주면 된다. 이쑤시개나 나뭇가지로 흙의 건조 여부를 확인해 보면 된다. 물은 한 번 줄 때 화분 아래로 물이 충분히 나올 만큼 넉넉하게 주어야 한다. 날씨에 따라, 주변 환경에 따라 물을 줘야 하는 날짜는 달라진다. 관심만이 식물을 살릴 수 있다는 걸 기억하자.

　또한 식물에 햇빛과 바람 같은 자연 요소는 필수 조건이므로 이왕이면 화분을 햇빛이 들고 바람이 통하는 곳에 두는 것이 좋다. 그런 환경에 노출시키기 힘들다면, 일주일에 한두 번 정도만이라도 햇빛과 바람에 노출시켜 주도록 한다. 그래야 식물이 건강하게 잘 자라고 꽃도 잘 피울 수 있다.

 싱그럽고 아름다운 꽃과 식물은 사람들에게 긍정적인 에너지를 가득 채워 주기 마련이다. 일상에 찌든 우리에게 휴식처를 선사해 주는 작은 자연과 친해질 좋은 기회이다. 우리 모두 'Black Thumb(식물을 잘 죽이는 사람)'에서 'Green Thumb(식물을 잘 키우는 사람)'으로 변신해 보자!

## Tip

꽃을 시들지 않게 관리하는 방법

1. 꽃을 다듬을 때는 꽃가위를 사용한다. 꽃은 소중하니까.
2. 거베라처럼 꽃대가 무른 경우에는 일자로 잘라도 좋지만, 대부분의 꽃은 사선으로 잘라주는 게 좋다. 물이 닿는 면적이 넓어져서 조금 더 오랫동안 싱싱함을 유지할 수 있다.
3. 물은 매일 갈아 주고, 무더운 날씨에는 얼음을 몇 개 넣어 주는 것도 방법이다.
4. 매일 조금씩 줄기 끝을 잘라 주면 꽃대가 빨리 물러지는 것을 막을 수 있다.

**취향**
**넷**

Afternoon tea at home

# 홈 카페가 좋다

질 좋은 차와 화려한 디저트를 파는 예쁜 카페가 참 많다. 하지만 나는 집에서 천연 발효종으로 빵을 만들고, 마들렌을 굽는다. 손수 차를 우리고 커피를 내리기도 한다. 조금은 번거롭고 맛도 고르지 않지만 가끔은 손맛이 깃든 빵을 먹고 싶을 때가 있다. 밤 늦은 시간이든 아침 시간이든 상관없이 말이다. 그럴 때는 완벽하지 않아도 손맛이 제대로 깃든 빵을 만들기 위해서 팔을 걷어붙인다. 매번 맛이 달라도 내가 만들었다는 데 의의를 둘 수 있는 것, 그게 홈 베이킹의 묘미니까.

## Royal milk tea & Scone
### 로열 밀크티 & 스콘

찬 바람이 불 때면 따끈한 로열 밀크티가 생각난다. 평소에는 홍차를 진하게 우려낸 후, 냉장고에서 막 꺼낸 우유를 약간 넣어 즐기는 영국식 밀크티를 즐겨 마신다. 하지만 아침에 일어나 집안에 찬기가 느껴지는 계절이 되면, 굳이 구석에 있는 밀크팬을 꺼내어 '아쌈 ctc'를 넣고 바글바글 로열 밀크티를 끓인다. 갓 구워 낸 스콘도 함께. 오랜만에 오븐을 가동해 홈베이킹을 시작해 볼까.

# 로열 밀크티
### Royal milk tea

오븐에서 스콘을 굽는 동안 주방에서는 로열 밀크티를 만든다. 한쪽에서는 빵 굽는 냄새가 나고 한쪽에서는 고소하고 부드러운 밀크티가 만들어지는 순간, 이보다 더 행복할 수가 있을까. 따끈따끈하게 갓 구운 스콘과 막 끓여 낸 김이 모락모락 올라오는 로열 밀크티를 담아 테이블 위에 올린다. 스콘은 나무 그릇이나 바구니에 담거나 도마 위에 얹은 후 그 아래에 적당한 패브릭을 접어 깔아 주고, 밀크티는 투박한 도자기 잔이나 너무 화려하지 않은 북유럽 스타일의 찻잔에 담는다. 버터나이프와 클로티드 크림clotted cream, 잼까지 준비하면 여느 카페 부럽지 않다.

**재료** **2잔 분량** 아쌈 ctc 5g, 물·우유 각 200ml, 설탕 2작은술

**만드는 법**
1. 아쌈 5g을 볼에 담아 준비한다.
2. 밀크팬에 물과 아쌈을 넣고 3~4분간 중불에서 끓인다.
3. 우유를 넣고 약불에서 끓인다. 팬 가장자리 부분에 기포가 생기면 설탕을 넣고 잘 저은 후 불을 끈다.
4. 스트레이너Strainer에 거른다.

# 스콘
Scone

스콘은 심플한 게 최고다. 그래서 플레인 스콘을 가장 자주 만들어 먹는다. 크랜베리나 건포도, 블루베리가 있으면 추가하기도 하지만, 갓 구운 플레인 스콘에 클로티드 크림이나 버터를 바르고 딸기잼을 듬뿍 얹어 먹으면 세상에 부러울 게 없다. 매번 스콘을 똑같이 구워 내기란 조금 어렵지만, 그게 바로 홈베이킹의 묘미가 아닐까. 스콘이 조금 덜 완벽하게 구워진 날에는 완벽 이상의 로열 밀크티를 곁들이면 된다!

**재료**  **10~12개 분량** 박력분 200g, 베이킹파우더 2작은술, 소금 약간, 무스코바도Muscovado 설탕 30g(일반 설탕 대체 가능), 버터 50g, 우유 80ml~150ml

**만드는 법**
1. 박력분에 베이킹파우더, 소금, 설탕을 넣는다(박력분과 베이킹파우더는 체에 쳐 준비한다).
2. ①에 차가운 버터를 깍둑썰기해서 넣은 후에 스크래퍼로 보슬보슬한 상태가 될 때까지 빠르게, 잘게 섞는다.
3. 우유를 넣어 반죽이 하나가 되도록 뭉쳐 주는데, 이때 버터가 다 녹지 않도록 주의하고 반죽이 너무 질지 않게 한다.
4. 지름 5cm의 원형 틀로 찍어낸 후 윗면에 달걀물을 살짝 발라 180도 오븐에서 15~20분간(오븐 사양에 따라 조절) 굽는다. 윗면이 노릇노릇해지면 완성이다.
5. 딸기잼이나 버터를 함께 곁들여 낸다.

## Ciabatta sandwich & Ice dutch coffee
# 치아바타 샌드위치 & 아이스 더치커피

요즘은 천연 발효종을 활용한 건강 발효빵이 유행이지만, 집에서 천연 발효종으로 빵을 만들기란 여간 번거로운 일이 아니다. 건강빵을 사 먹는 것도 좋지만, 가끔은 손맛이 깃든 따끈따끈 막 구워 낸 빵을 먹고 싶을 때가 있다. 밤 12시건, 아침 7시건, 시간에 상관없이 말이다. 그럴 때는 완벽한 치아바타라기보다는 손맛이 제대로 깃든 치아바타를 만들기 위해서 팔을 걷어붙이고 반죽한다.

# 치아바타 샌드위치
Ciabatta sandwich

우리 가족은 치아바타 중에서도 올리브 치아바타를 제일 좋아한다. 특히 큰딸은 블랙 올리브를 좋아해서 파스타, 치아바타, 포카치아 등 블랙 올리브가 들어간 건 다 좋아한다. 갓 구워낸 치아바타는 뜨거울 때 잘라 질 좋은 올리브유와 발사믹 식초에 찍어 먹는 게 제맛이다. 남은 빵은 식힌 후에 바로 냉동해서 먹을 때 미리 꺼내 두어 자연 해동해 오븐에 살짝 데우면 갓 구운 빵처럼 즐길 수 있다. 날씨에 따라 다르지만 냉동해 둔 치아바타를 밤에 꺼내 놓고 자면 아침에는 말랑말랑하게 해동되어 있다. 반으로 갈라 좋아하는 속 재료를 넣고 샌드위치로 만들어 먹으면 아침 식사는 간단히 해결된다.

**재료**  **1개 분량** 치아바타 1개, 양파 1개, 올리브유 1큰술, 버터 2큰술, 발사믹 식초 2큰술, 소금 약간, 후추 약간, 바질 1큰술, 고다 치즈 1장, 루콜라 1줌, 홀 그레인 머스터드 소스 약간

**만드는 법**
1. 올리브유를 두른 팬에 버터를 녹인 후 양파를 잘게 썰어 넣고 투명해질 때까지 볶는다.
2. ①에 발사믹 식초와 소금, 후추, 바질을 넣고 약불에서 잘 섞어 준다.
3. 치아바타를 반으로 갈라 홀 그레인 머스터드 소스를 바르고 고다 치즈를 올린다. 볶은 양파를 넣고 루콜라를 얹으면 완성.

# 아이스 더치커피
Ice dutch coffee

요즘은 이와키 Iwaki 를 비롯한 저렴한 더치커피 기구가 다양하게 나와 있어 집에서도 쉽게 더치커피를 만들 수 있다. 신선한 원두만 사용한다면 여느 카페의 더치커피 못지않은 깊은 맛을 즐길 수 있다. 찬물을 한 방울 한 방울 떨어뜨려 추출하는 데 오랜 시간이 걸린다고 하여 커피의 눈물이라고도 불리는 더치커피. 네덜란드 상인들이 인도네시아에서 커피를 유럽으로 운반하던 중, 오랫동안 커피를 보관하기 위해 고안해 낸 방법이라고 알려져 있다.

**재 료**  **원액 500ml 분량** 원두 50g, 물 500ml

**만드는 법**
1. 더치커피 메이커에 원두 50g을 넣고 7~8시간 추출한다. 밤새 추출하면 편리하다.
2. 추출한 커피는 뚜껑 있는 용기에 담아 냉장고에 하루 동안 넣어 둔다. 숙성해서 마시면 그 풍미가 더욱 좋다.
3. 진하게 우려낸 더치커피에 찬물을 타면 아이스 더치커피가, 뜨거운 물을 타면 더치 아메리카노가 된다. 찬 우유를 넣으면 아이스 더치 라테가 되는데 그 풍미는 일반 라테와는 확연히 다르다.

## Roche & Bialetti moka pot americano
## 로셰 & 비알레티 모카 포트 아메리카노

화이트데이에는 늘 사탕 대신 초콜릿을 요구하곤 했다. 사탕도 초콜릿도 달콤하지만, 그 깊이와 부드러움이 달라서 난 항상 사탕보다 초콜릿을 선호했다. 영화 〈초콜릿〉을 보고, 초콜릿 카페 '나니스 쇼콜라'에서 '진짜' 초콜릿을 배우고, 난 초콜릿의 마력에 흠씬 빠져 버렸다.

# 로셰
Roche

고소한 아몬드와 부드럽고 달콤한 밀크초콜릿의 만남은 환상적이다. 다크초콜릿을 좋아하는 나는 밀크초콜릿을 먹을 일이 거의 없는데, 이 로셰만큼은 끊을 수가 없다. 달콤한 초콜릿을 먹을 때면 생각나는 진한 커피 한 잔. 아몬드와 밀크초콜릿이 잘 어울리는 만큼, 달콤한 초콜릿과 커피 역시 환상의 궁합이다.

**재료** **10개 분량** 슬라이스 아몬드 100g, 밀크초콜릿 120g

**만드는 법**
1. 슬라이스 아몬드를 오븐에 넣고 170도에서 10분 정도 굽는다.
2. 밀크초콜릿을 볼에 넣고 중탕해 40도가 되도록 만든다.
3. ②의 볼을 찬물에 넣고 26도까지 식힌다. 다시 중탕해 30도로 만든다. 이 과정을 템퍼링이라고 하는데, 단순히 초콜릿을 녹여서 사용했을 때보다 풍미도 좋고 윤기도 흐른다.
4. 구운 아몬드를 식힌 후 ③에 넣어 잘 섞어 준다.
5. 한 스푼씩 도톰하게 떠서 모양을 만든다.
6. 냉장고에 식힌다.

## 비알레티 모카 포트 아메리카노
Bialetti moka pot americano

진한 커피가 생각나면 커피 잔의 반을 에스프레소로 채우고 나머지 반은 물로 채운다. 조금 연하고 구수한 커피가 당기면 커피 잔의 1/4만 에스프레소로 채우고 나머지는 물로 채운다. 취향에 따라 즐길 수 있는 비알레티 모카 포트는 황금빛 크레마를 가장 자주 감상할 수 있는 아날로그 커피 추출 기구다. 신선한 원두를 모카 포트용으로 적당히 갈아 주기만 해도 사랑스러운 크레마를 보여 준다. 물론 커피 머신처럼 오래도록 지속되는 크레마는 아니지만 모카 포트만큼 간편하고 유용한 물건도 없는 것 같다. 추출되는 커피 맛도 수준급이다. 아직도 유럽의 많은 가정에서 사랑받는 모카 포트, 그럴 만하다.

로셰를 한 입 오물오물 먹고 난 후 뜨거운 아메리카노를 마신다. 달콤함과 진한 쌉쌀함의 조화는 이루 말할 수가 없다. 내 손으로 직접 만든 초콜릿과 내가 직접 추출한 커피. 홈 카페를 위한 가장 간편한 레시피 중 하나가 아닌가 싶다.

| 재 료 | 모카 포트, 원두, 물(모카 포트 용량에 따라 원두와 물양 조절) |
|---|---|
| 만드는 법 | 1. 모카 포트 보일러의 적정선까지 물을 붓는다.
2. 신선한 원두를 모카 포트용으로 그라인딩해 바스켓에 커피를 가득 담는다. 평평하게 해 주되 굳이 꾹꾹 누를 필요는 없다.
3. 포트 상하단을 조립하여 중불에서 가열한다. 요란한 소리가 나며 커피가 추출되면 불을 끈다.
4. 추출된 에스프레소에 뜨거운 물을 적당량 넣어 아메리카노를 만든다. |

## LA rice cake & Siphone coffee
## LA 찹쌀 케이크&사이펀 커피

LA에서 교민들이 떡을 그리워하며 만들었다고 해서 붙여진 이름, LA 찹쌀 케이크. 지금도 "누구랑 결혼할래?" 하고 물으면 망설임 없이 "준호!"라고 말한다. 큰딸의 첫 번째이자 가장 특별한 친구 덕분에 엄마들끼리도 좋은 우정이 시작되었다. 건강하고 다양한 저수분 요리가 가능해 내가 사랑해 마지않는 암웨이 퀸 냄비. LA 찹쌀 케이크는 퀸 냄비를 활용한 가장 간편한 건강 간식 레시피로, 언니가 전수해 준 덕분에 자주 해 먹는다. 아이들 간식으로도 좋고 커피나 차 한 잔에 곁들이기도 참 좋다.

# LA 찹쌀케이크
LA rice cake

뭐든 그렇지만 LA 찹쌀 케이크는 갓 구워 따끈할 때가 제일 맛있다. 쫀득쫀득 찹쌀의 식감이, 나는 참 좋다. 어릴 적 엄마 손을 잡고 시장에 따라 나갔다가 얻어먹은 떡 한 조각이 생각나는 추억의 맛. 그럼 그에 어울리는 커피 한 잔을 내려 볼까?

**재료**  **1판 분량** 찹쌀가루 300g, 우유 50ml, 달걀 1개, 올리브유 약간, 호두·콩·완두·팥·블루베리 등 필링 적당량

**만드는 법**
1. 찹쌀가루와 우유, 달걀을 넣고 잘 섞어 준다. 너무 되면 우유를 조금 더 넣어도 좋지만 약간 된 듯한 반죽이 적당하다.
2. ①에 호두·콩·완두·팥·블루베리 등을 취향에 맞게 넣어 잘 섞은 후 동그랗게 하나로 뭉친다.
3. 스테인리스 팬을 충분히 예열하고 올리브유를 바른 뒤 반죽을 올려 약불에서 20분, 뒤집어서 5분간 굽는다.

# 사이펀 커피
Siphone coffee

우리 부모님 세대에 '다방'에서 흔히 볼 수 있었다는 사이펀 커피. 어린 시절 초등학교 과학 실험실에서 보던 장면 같기도 한, 아날로그 감성 충만한 사이펀 커피는 특히 비 내리는 날 창밖을 바라보며 마시면 더없이 좋다. 비 오는 날이면 신랑이랑 둘이 마주 앉아 알코올램프 타는 소리를 들으며 사이펀 커피를 마시곤 한다. 물이 끓기를 기다려야 하고, 커피가 우러나오는 데도 시간이 걸리지만 아날로그 감성이 묻어나서 좋다. 조금 특별한 날 마음껏 여유를 부리며 즐기기 좋은 사이펀 커피, 혼자보다 둘이서 즐기면 더 좋다!

**재 료**     **2잔 분량** 사이펀 커피 메이커, 원두 20g, 끓는 물 300ml

**만드는 법**
1. 아래쪽에 끓는 물을 넣고 알코올램프에 불을 켠다. 알코올램프로 물을 끓이려면 시간이 너무 오래 걸리므로 끓는 물을 넣는 게 좋다.
2. 위쪽에 원두를 넣고 물이 바글바글 끓기를 기다린다.
3. 물이 끓으면 위쪽으로 올라간다. 나무 막대로 잘 저어 준 후 1~2분 정도 그대로 둔다.
4. 알코올램프 뚜껑을 덮어 불을 끄면 커피가 아래쪽으로 추출된다.

## Madeleine & Hand drip coffee
## 마들렌 & 핸드 드립 커피

달콤하고 부드러운, 버터 풍미 가득한 마들렌. 모양도 예쁘고 크기도 적당해 어디에 곁들여도 좋은 티 푸드. 애초부터 좋아하던 마들렌을 더욱 애정하게 된 건 영화 〈마담 프루스트의 비밀 정원〉을 보고 나서다. 그곳에 등장하는 마들렌과 슈게트 Chouquette 가 어쩜 그리도 자주 생각나던지. 슈게트는 그렇다 쳐도 마들렌은 만들기 어렵지 않아 종종 만들어 내곤 했다. 완벽한 마들렌보다는 내 입맛에 맞는 마들렌. 매번 달라져도 내가 만들었다는 데 의의를 둘 수 있는 것, 그게 홈 베이킹의 묘미니까.

# 마들렌
Madeleine

봉긋 솟아오른 배꼽이 마들렌의 생명이다. 볼록하게 올라오는 마들렌을 보며 희열을 느끼곤 한다. 마들렌은 구운 지 하루 이틀 정도 지났을 때가 가장 맛있다. 입안에서 조화를 이루는 그 맛이 갓 구워 냈을 때와는 확연히 다르다. 마들렌을 굽고 이틀 정도 지난 후에 드립 커피를 한 잔 내려 곁들인다. 보통은 홍차를 곁들이고, 〈마담 프루스트의 비밀 정원〉에서는 알 수 없는 허브차와 먹지만 손수 내린 드립 커피 한 잔에도 참 잘 어울린다.

**재료**   **25개 분량** 박력분 200g, 버터 200g, 달걀 4개, 설탕 170g, 꿀 30g, 베이킹파우더 4g

**만드는 법**
1. 볼에 달걀과 설탕, 꿀을 넣고 거품기로 잘 푼다.
2. ①에 체에 친 박력분과 베이킹파우더를 넣고 잘 섞는다.
3. 버터를 중탕으로 녹여 ②에 넣고 잘 섞는다.
4. 마들렌 팬에 포도씨유나 버터를 발라 반죽을 80% 정도 채운 후 170도의 오븐에서 10분간 굽는다.

# 핸드 드립 커피
### Hand drip coffee

전문가 만큼은 아니지만 핸드 드립을 배우고, 몇 년간 집에서 갈고닦아 커피를 내리는 솜씨는 수준급이다. 개인적으로는 가장 오래 사용한 칼리타 드리퍼Kalita Dripper를 선호한다. 고노Kono나 메리타Merita, 케멕스Chemex와 같은 드리퍼도 있고 초보자에게 유용한 클레버Clever 등 종류는 다양하다. 사용하기 편하고 입맛에 맞는 드리퍼를 선택하면 된다. 원두는 볶은 지 5일 이내의 신선한 원두를 사용한다. 신선한 원두는 필수 조건. 훌륭한 드립 실력이 아니라도 원두만 신선하다면 제법 훌륭한 커피가 추출된다.

개인적으로 핸드 드립 커피는 손맛이라고 생각한다. 〈카모메 식당〉에서 '코피 루왁Kopi Luwak'이라고 주문을 외우면 더 맛있는 커피가 완성되듯이, 정성이 담긴 손맛만 있다면 특별한 커피 한 잔을 즐길 수 있다. 특별한 핸드 드립 커피에 집에서 만든 마들렌을 곁들인다면, 완벽한 홈 카페 완성.

**재료**  **1잔 분량** 드리퍼, 드립 서버, 드립 포트, 여과지, 드립용 원두 25g, 물 200~250ml

**만드는 법**
1. 드리퍼에 여과지를 깔고 신선한 원두를 그라인딩 해 넣어 평평하게 만든다. 드립 포트에는 92도 정도로 살짝 식힌 물을 담는다.
2. 핸드 드립을 한다. 원두에 따라 다르지만 150~200ml 정도 추출해 그대로 마시거나 뜨거운 물을 희석해서 즐기면 된다.

## Tortilla de patata & Cafe con leche
### 토르티야 데 파타타 & 카페 콘 레체

스페인에 머무는 동안 가장 많이 외쳤던 말 중의 하나는 바로 '토르티야 & 카페 콘 레체'였다. 토르티야의 정식 명칭은 토르티야 데 파타타 Tortilla de patata. 스페인식 오믈렛으로 파타타는 감자라는 뜻이다. 기본적으로 감자, 양파가 들어가지만 브로콜리나 참치, 햄 등 취향에 맞게 속 재료를 다양하게 넣어 나만의 오믈렛을 만들 수 있다.

# 카페 콘 레체

Café con leche

카페 콘 레체는 프랜차이즈 커피 전문점에서 파는 카페라테와 비슷하다. 작은 커피 잔에 진한 에스프레소와 우유를 1:1 비율로 넣고 스페인에서처럼 반드시 설탕 한 봉지를 넣어 달달하게 즐기는 게 포인트. 스페인에서 마시던 카페 콘 레체에 익숙해서인지 커피에 우유를 넣어 마실 때는 설탕을 찾게 된다.

재 료 **1잔 분량** 에스프레소 1샷 혹은 2샷, 스팀밀크 동량

만드는 법
1. 에스프레소를 추출한다.
2. 머그잔이 아닌 작은 커피 잔에 에스프레소를 담고 스팀밀크를 가득 채워 넣는다.
3. 설탕과 함께 차려 낸다.

# 토르티야 데 파타타
## Tortilla de patata

이국적인 이름에도 불구하고 우리나라 달걀찜 같은 익숙한 맛과 모양새 덕분에, 타지에서도 종종 찾곤 했던 토르티야 데 파타타. 혼자 추억을 되새기며 즐겨도 좋지만, 한국인이라면 누구나 다 좋아할 맛이라 친구들과의 브런치나 모임에 내놓아도 손색이 없다.

**재료** **1판 분량** 감자 2개, 양파 1개, 달걀 4개, 소금, 후추 약간

**만드는 법**
1. 양파는 얇게 채 썰고 감자는 4등분 하여 얇게 썬다.
2. 팬에 포도씨유를 두르고 ①을 넣어 반 정도 익을 때까지 볶는다. 소금, 후추로 간한다.
3. 볼에 달걀을 잘 풀고 ②의 볶은 채소를 넣어 섞는다.
4. 스테인리스 팬에 올리브유를 펴 바르고 ③을 넣는다. 뚜껑을 덮어 약불에서 20~25분 정도 익혀 준다. 스테인리스 팬이 아니거나 뚜껑이 없을 때는 익는 정도를 보고 잘 뒤집어 가며 익혀야 한다. 너무 큰 프라이팬을 이용하면 뒤집기 불편하다.

# Apple cake & Apple tea
## 애플 케이크&애플 티

맛있게 구워 내 따끈할 때 한 입 베어 물면, 황홀함에 눈이 스스로 저절로 감긴다. 여기에 애플 티 한 잔을 곁들이면 완벽한 티타임이 완성된다. 브랜드별로 조금 다르지만 포숑Fauchon이나 에디아르Hediard의 애플 티는 자잘한 패닝스Fannings의 찻잎으로 되어 있고 해로즈Harrods 애플 티는 찻잎 그대로인 홀 리프Whole Leaf로 되어 있다. 진하고 깊은 맛을 내는 포숑, 에디아르의 애플 티도 좋고, 조금 더 섬세한 향을 전해 주는 해로즈의 애플 티도 좋다.

## 애플 케이크
*Apple cake*

사과가 한창인 계절이 되면 무언가 만들고 싶은 베이킹 욕구가 솟아오른다. 오랜만에 솟아오른 욕구를 제대로 붙잡으려면 복잡한 것보다는 간단한 레시피가 좋다. 애플 케이크보다 사과 빵이라는 이름이 어울리는, 정말 간단하고 소박한 애플 케이크. 한 판 구워 내면 아이들과 함께 달려들어 순식간에 사라진다. 아삭하고 신선한 사과의 식감을 최대한 살리고자, 더불어 간단하게 만들고자 생사과를 그냥 굽는다. 새콤달콤함이 일품이다.

**재료**   **1판 분량** 사과 1개, 밀가루 100g, 베이킹파우더 3g, 달걀 1개, 무스코바도 설탕 40g(일반 설탕 대체 가능), 우유 30ml, 버터 45g

**만드는 법**
1. 사과는 껍질을 벗겨 얇게 썬다.
2. 달걀에 설탕을 넣고 가볍게 휘핑한다.
3. 체에 친 밀가루와 베이킹파우더를 ②에 넣어 잘 섞고 우유와 녹인 버터를 마저 넣고 섞는다.
4. 스테인리스 팬에 반죽을 넣고 사과를 예쁘게 올려 약불에서 30~40분 정도 굽는다.

# 애플 티
Apple tea

홍차를 맛있게 우리는 가장 기본적인 방법 중 하나는 티포트와 찻잔을 따뜻하게 예열하는 것, 그리고 적당한 양의 찻잎과 물, 우리는 시간을 맞추는 것이다. 큰 잎일수록 오래 우려내고, 작은 잎일수록 짧게 우려낸다. 조금만 신경을 쓰면 맛있는 홍차를 우려낼 수 있다. 여기서는 포숑이나 에디아르 같은 패닝스의 찻잎을 우리는 방법을 소개한다.

**재료**  **2잔 분량** 티포트 2개, 애플 티 2g(패닝스 혹은 더스트의 가루 잎차), 차 우릴 물 300ml, 타이머, 스트레이너, 예열할 물 적당량. 찻잔

**만드는 법**
1. 티포트 1에 뜨거운 물을 넣어 예열한 후 티포트 1의 예열 물을 티포트 2에 옮겨 티포트 2까지 예열해 둔다.
2. 먼저 뜨거운 물을 붓고 찻잎을 넣어 2분간 우린다. 우려내는 동안 티포트 2의 예열 물을 찻잔에 담아 찻잔을 예열한다.
3. 스트레이너를 놓고 티포트 1의 차를 티포트 2로 옮겨 붓는다. 찻잔의 예열한 물을 버리고 애플 티를 즐긴다.

177- 홈 카페가 좋다

## Young radish oil pasta & Fruits iced tea
### 열무베이컨 오일 파스타&과일 아이스티

오일 파스타는 내가 집에서 꽤 즐겨 만드는 요리 중 하나다. 온 가족이 좋아하고 따로 소스를 만들 필요가 없어서 휘리릭 만들어 먹기 좋아 우리 집 단골 메뉴다. 버섯이면 버섯, 해물이면 해물, 좋아하는 재료를 넣으면 버섯 오일 파스타, 해물 오일 파스타가 완성되니 이보다 더 쉬울 수가 없다. 재료가 없어도 마늘만 있으면 간단히 알리오 올리오가 완성되기도 한다. 파슬리나 바질이 있으면 금상첨화.

# 과일 아이스티
### Fruits iced tea

단맛보다는 신맛과 상큼함을 좋아하는 나는 과일차 원액에 탄산수를 붓지만, 가끔은 사이다를 넣어 달콤하게 즐기기도 한다. 찬물에 과일차를 넣고 오래오래 우려내는 냉침도 편하지만, 과일차에 들어 있는 좋은 성분을 모두 만끽하려면 뜨거운 물에 우려내어 식혀 마시는 방법을 권한다. 카페인도 없고 비타민이 듬뿍 들어 있는 과일차에 탄산수를 부어 마시면 건강해지는 기분이 든다. 오일 파스타에 곁들이면, 담백하고 깔끔해 입가심으로도 좋다.

**재료**  **2잔 분량** 과일차 20g, 물 200ml, 탄산수 200ml

**만드는 법**
1. 뜨거운 물에 과일차를 8분간 우려낸다.
2. 진하게 우려낸 과일차를 식혀 냉장고에 넣어 둔다.
3. 잔에 과일차 원액을 조금 넣고 시원한 탄산수를 붓는다. 단맛을 원하면 사이다를 넣어도 좋다.

# 열무 베이컨 오일 파스타
Young radish oil pasta

오일 파스타의 기본은 마늘과 올리브유, 소금, 후추이다. 다양한 재료로 변화를 줄 수 있어 '오일 파스타'지만 변화무쌍하다. 동서양의 조화라고나 할까. 우연히 만들어 본 열무 베이컨 오일 파스타는 매콤한 열무김치와 베이컨의 조합이 상당히 잘 어울려 열무김치만 있으면 종종 해 먹게 된다. 시판 탄산음료보다는 건강에 좋은 과일 아이스티를 곁들여 먹으면 베스트.

**재료**     **2인분** 스파게티 면 2인분, 베이컨 2~4줄, 열무김치 1줌, 올리브유 약간, 마늘 4쪽, 소금·통후추 약간, 파르메산 치즈 약간

**만드는 법**
1. 끓는 물에 소금을 넣고 스파게티 면을 적당히 삶는다. 너무 퍼지지 않은 상태가 좋지만, 취향에 따라 조절한다.
2. 프라이팬에 올리브유를 두르고 마늘을 볶는다. 오래 볶아야 향이 잘 우러난다.
3. ②에 베이컨을 넣어 볶다가 삶은 스파게티 면을 넣는다.
4. 잘 익은 열무김치를 넣어 센 불에서 한 번 볶아 내고 소금·통후추로 간을 한다.
5. 접시에 담은 후 질 좋은 파르메산 치즈를 갈아 얹어 낸다.

## El melon con jamon & Sangria
## 멜론 꼰 하몬 & 상그리아

달콤한 멜론과 짭조름한 하몬의 조화는 특별하면서도 매력적이다. 한국인에게 익숙하지 않은 조화다 보니 독특하다는 견해도 있지만 맥주에 곁들여도 좋고, 와인에 곁들여도 좋은 멜론 꼰 하몬은 나에게는 부동의 1위 고메 안주다. 주로 좋은 와인을 꺼낼 때 만드는 안주이긴 하지만 특별한 모임이나 파티가 있을 때 상그리아와 함께 내면 더없이 좋은 반응을 얻곤 한다. 상그리아와 멜론 꼰 하몬. 연인과 단둘이 분위기 있게 즐기기도 좋고, 친구들과 파티에 뽐내기 좋은 색다른 조합. 그 어느 때보다도 특별한 파티를 만들어줄 잇 푸드다.

## 멜론 꼰 하몬
### El melon con jamon

스페인에 있을 때 질리도록 먹던 음식, 하몬은 돼지 뒷다리를 소금에 절여 건조한 스페인 전통 햄인데 바게트에 그냥 얹어 먹어도 좋고 샌드위치나 샐러드, 파스타 등 다양하게 활용할 수 있다.

멜론 꼰 하몬은 멜론 위에 하몬을 얹거나 둘둘 말아 먹는 음식인데, 안주로도 좋고 애피타이저로도 그만이라 유럽에서는 쉽게 찾아볼 수 있는 요리다. 한국에서는 통 찾기 어려워 집에서 종종 만들어 먹곤 했던 안주 중 하나. 만들기도 쉽고, 이색적인 요리라 친구를 초대했을 때 내놓으면 인기 만점이다.

**재료**     멜론 1통, 하몬 혹은 프로슈토 100g

**만드는 법**
1. 멜론을 먹기 좋은 크기로 썰어 접시에 담는다.
2. 하몬 혹은 프로슈토를 길고 얇게 썰어 멜론을 감싸거나, 적당한 크기로 잘라 멜론 위에 얹는다.

# 상그리아
### Sangria

우리나라 사람들 대부분이 '샹그리아'라고 발음하는 상그리아는 사실 상그레sangre 라는 스페인어에서 유래한 와인 칵테일이다. 상그레는 '피'라는 뜻인데 그처럼 붉다 해서 상그리아라는 이름이 붙었다. 집에서 간단하게 만드는 상그리아를 소개한다.

**재료** 레드 와인 1병, 오렌지·사과·포도·레몬 혹은 라임 적당량, 설탕 2큰술, 탄산수 혹은 사이다 500ml

**만드는 법**
1. 레드 와인에 각종 과일을 썰어 넣는다. 설탕을 넣고 잘 저어 냉장고에 넣고 5시간 이상 숙성시킨다.
2. 마시기 직전에 탄산수나 사이다를 넣어 잘 젓는다. 달콤하게 즐기고 싶으면 사이다를, 와인 본연의 향을 살리고 싶으면 탄산수를 넣는다.

트로피컬 상그리아를 만들 때 빠지지 않는 파파야. 샐러드로 만들어 함께 즐겨 보자. 색다른 미각의 즐거움을 만끽할 수 있다!
파파야와 토마토, 모차렐라 치즈를 먹기 좋은 크기로 썰고 올리브와 함께 그릇에 담는다. 올리브유와 발사믹 식초를 조금씩 뿌려 주면 끝!

## Mango quinoa salad & Moka napolitana
# 망고퀴노아샐러드 & 나폴리타나 커피

퀴노아와 채소 몇 종류만 있으면 간단하게 만들 수 있는 건강한 퀴노아 샐러드. 먹어 보면 누구나 만족해서 종종 만들게 된다. 분위기 있는 나폴리타나 커피 한 잔이 생각나는 날, 건강한 퀴노아 샐러드를 만들어 곁들여 보자. 특별한 나만의 브런치 타임이 완성된다.

# 망고 퀴노아 샐러드
### Mango quinoa salad

슈퍼푸드로 알려져 있는 퀴노아는 간편하게 밥을 지을 때 넣어 먹어도 좋지만 톡톡 튀는 식감이 좋아 샐러드로 즐기기에 더없이 좋다. 신선한 채소와 고소한 퀴노아, 짭조름한 페타 치즈의 조합은 간단한 한 끼 식사로도 특별한 파티의 요리로도 손색이 없다.

**재료**    **2인분** 퀴노아 1컵, 물 2컵, 토마토 1개, 오이 1/2개, 양파 1/2개, 망고 1개, 페타 치즈 1/2컵, 올리브 1/2컵, 발사믹 식초 3큰술, 올리브유 3큰술, 소금·후추 약간

**만드는 법**
1. 퀴노아를 포실포실해질 때까지 삶는다.
2. 토마토, 오이, 양파, 망고, 치즈를 깍둑썰기한다. 파프리카 등 좋아하는 채소나 과일이 있으면 추가해도 좋다.
3. 삶은 퀴노아에 ②와 올리브를 넣고 소금, 후추, 올리브유, 발사믹 식초를 넣고 잘 섞어 준다. 그대로 즐겨도 좋고, 냉장고에 넣고 차갑게 즐겨도 좋다.

# 나폴리타나 커피

Moka napolitana

5분의 기다림 끝에 완성된 나폴리타나 커피는 다크초콜릿과도 같은 부드러움과 진함을 한 번에 선사해 준다. 발사믹 식초의 새콤함과 꿀의 달콤함이 어우러진 싱싱한 베이컨 샐러드와 더없이 잘 어울리는 나폴리타나 커피. 기회가 되면 나폴리타나 커피 맛을 음미해 보시길. 작은 주전자처럼 생긴 커피 메이커의 외관부터, 커피를 추출하기 위해 기다리는 시간, 그리고 어떤 커피 메이커로도 만날 수 없는 부드럽고 진한 커피 맛까지. 그 매력에 한껏 빠지게 될 것이다.

| 재 료 | **1잔 분량** 나폴리타나 모카 포트, 모카 포트용 원두 10g, 물 200ml |
|---|---|
| 만드는 법 | 1. 보일러에 표시된 선까지 물을 담는다.<br>2. 커피 바스켓을 조립한 후 커피를 소복하게 담아 살살 눌러 준다.<br>3. 모카 포트를 조립하여 중불에 얹는다.<br>4. 칙칙 소리가 나면 불을 끈 후 모카 포트를 뒤집는다.<br>5. 5~8분 정도 후 추출된 커피를 잔에 담아 마신다. |

# Egg dosa & Chai
## 에그도사&인도식 짜이

인도하고도 첸나이에 머물게 된 이후로 종종 즐겨 먹는 도사Dosa와 짜이Chai의 조합은 남인도에서 흔히 볼 수 있는 전통 아침 식사다. 쌀가루를 발효시켜 만든 건강한 음식 도사는 남인도식 팬케이크 정도로 생각하면 좋다. 보통 코코넛 처트니Chutney, 고수 처트니, 토마토 처트니에 곁들여 먹지만 한국에서는 재료를 구하기가 쉽지 않아 달걀을 하나 깨 넣은 에그 도사로 만들어 먹으면 좋다. 인도에서의 추억을 곱씹게 될 음식, 도사. 한국에서도 도전해 보자.

## 인도식 짜이
Chai

'짜이'라고 하면 다들 향신료가 듬뿍 들어간 '마살라 짜이'를 생각하는데, 사실 '짜이'는 '차'라는 뜻이다. 특히 인도 남부에서는 밀크티를 주로 마시기 때문에 짜이, 즉 차는 밀크티라는 의미로 생각하면 된다. 우리가 생각하는 향신료가 들어간 차는 '향신료'라는 뜻의 '마살라'와 '차'라는 뜻의 '짜이'가 합해진 '마살라 짜이'라고 부른다. 인도 첸나이에서 처음으로 인도식 짜이를 맛본 후, 그동안 한국에서 만들어 먹었던 짜이는 진정한 짜이가 아니었다는 생각을 했다. 100% 우유로만 만든 깊고 풍부한 맛의 짜이. 인도의 우유는 한국의 우유와 너무 달라서 한국에서는 그 맛을 따라 할 수가 없다. 다방 커피에 익숙한 한국인의 입맛을 사로잡을 달달한 인도식 짜이와 남인도식 아침식사 도사. 인도의 아침을 만나 보자.

**재료** **1잔 분량** 우유 200㎖, 홍차 2작은술, 설탕 3작은술

**만드는 법**
1. 밀크팬 혹은 작은 냄비에 우유를 넣고 센 불에서 바글바글 끓인다.
2. 우유 거품이 끓어오르면 불을 중불로 줄이고 홍차를 넣는다.
3. 우유 거품이 끓어오르면 밀크팬을 불에서 들어 올려 거품을 가라앉히고, 다시 끓어오르기를 반복해서 홍차가 충분히 우러나고 우유 맛이 깊어지도록 한다.
4. 설탕을 넣고 다시 한번 바글바글 끓인다.
5. 거름망에 찻잎과 유막을 걸러 찻잔에 따라 낸다.

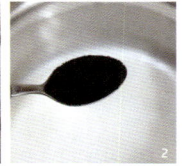

# 에그 도사
Egg dosa

호로파씨Fenugreek seed는 쌀과 렌틸콩 반죽에 점성이 생기게 해주는 천연 이스트 정도로 생각하면 된다. 자기 전에 반죽을 만들고 아침에 일어나 완성된 반죽으로 도사를 만들어 먹는다. 인도에는 바로 도사를 만들 수 있는 레디 메이드Ready made 도사 반죽을 팔지만 굳이 애를 써서 반죽을 직접 만들어 먹곤 했다. 손맛 덕분인지, 애쓴 노력 덕분인지 시중에 파는 반죽과는 비교할 수가 없을 만큼 맛있다.

도사 반죽은 냉장고에 일주일 정도 보관할 수 있는데, 만든 당일과 다음날은 도사를 만들어 먹고, 삼사일째 되는 날은 둥글게 빚어서 쪄내는 인도 빵의 한 종류인 이들리Idli를, 그리고 그 이후에는 반죽을 도톰하고 둥글게 편 후에, 잘게 썬 양파나 토마토 등을 얹어 구운 우타팜Uttappam을 만들어 먹으면 좋다.

**재료**    쌀 3컵, 렌틸콩 1컵, 달걀(도사 1장당 1개), 호로파씨 1/2작은술, 소금·칠리 파우더 약간

**만드는 법**
1. 쌀과 렌틸콩은 깨끗하게 씻어 각각 따로 6시간 정도 물에 불린다.
2. 쌀을 믹서에 곱게 간다.
3. 렌틸콩에 호로파씨를 넣고 믹서에 곱게 간다.
4. ②, ③번에 소금을 넣고 잘 섞는다. 너무 많이 치대지는 않는다.
5. ④를 상온에서 하룻밤 발효시킨다.
6. 프라이팬에 반죽을 얇고 둥그렇게 편 후 오일을 살짝 뿌린다.
7. 반죽 위에 달걀을 깨서 잘 풀어 준 후 칠리 파우더를 뿌린다.
8. 반죽을 반이나 삼등분으로 접어 노릇노릇하게 익힌다.

**취향**
**다섯**

Shining supporting actor on the table

# 소품이 좋다

테이블 위를 자유자재로 꾸밀 수 있는 소품들이 난 좋다. 하얀 스케치북 위에 그림을 그리고 색을 입히듯, 테이블을 세팅하고 포인트가 되는 소품을 하나씩 하나씩 채워 가는 순간이 참으로 짜릿하다. 잘 정돈된 플레이트와 찻잔 사이에 놓인 티 소품들이 나의 테이블을 빛내 주니까.

테이블을 빛내는

# 티타임 소품

  찻잔에서는 차향이 피어오르듯, 집에서는 그곳에 사는 사람의 향기가 난다. 우리 집에 찾아오는 사람은 대부분 "아기자기한 걸 참 좋아하나 봐요."라는 말을 건네곤 한다. 집안 곳곳에 놓인 자그마한 소품이나 깨알같이 붙어 있는 아이들 사진을 보며 하는 말이다. 나는 어렸을 때부터 무언가 모으는 걸 좋아했다. 어린 시절부터 꾸준히 모아 두던 스티커는 오랜 세월 보물 상자 속에 처박혀 있었지만, 지금은 딸내미와 친구들에게 한 장씩 빼앗기며(?) 빛을 보고 있다. 플레이모빌Playmobil이나, 레고Lego, 좋아하는 캐릭터의 작은 피규어Figure 등 방대하지는 않지만 다양한 소품에 관심이 많다. 그래서 티타임을 위한 소품도 많다.

  티타임에 종종 활용하는 대표적인 소품은 티 코스터Tea Coaster다. 바느질과 뜨개질은 소소한 취미 중 하나인데, 선선한 바람을 맞으며 흔들의자에 앉아 손을 꼼지락거리면 잡생각 없이 시간을 보낼 수 있어 참 좋다. 잡생각 없이 무언가에 집중하는 시간은 알게 모르게 쌓이는 스트레스를 해소해 주기

1 인도풍의 패브릭으로 만든 티 코스터. 인도에 온 후에 하나씩 모으기 시작했다. 이곳에서만 구할 수 있는 이런 소품들은 리미티드 에디션처럼 특별하게 다가온다.
2 손뜨개 티 코스터. 지인의 어머니께서 직접 만들어 보내 주신 선물인데, 특히 날씨가 추울 때 테이블에 놓으면 포근한 느낌이 든다.
3 친구가 이탈리아에서 사다 준 우드 티 코스터. 이탈리아 유명 관광지들이 새겨져 있다.

도 하고, 흐트러진 마음을 다잡아 주기도 한다. 만드는 시간이 오래 걸리거나 드르륵 기계음이 들리는 재봉틀을 써야 하는 공예보다는, 조용한 음악을 틀어 놓고 짧은 시간에 성취감을 느낄 수 있는 소소한 것들을 즐겨 만든다. 차나 음료수를 마실 때 테이블 위의 작은 소품이 되어 주는 티 코스터, 티타임과 브런치의 분위기를 화사하게 만들어 주는 티 매트는 나의 일상에 없어서는 안 될 중요한 소품이다.

특히 다양한 색감과 질감의 티 코스터는 매번 티타임의 분위기를 바꾸어 주는 매력 만점의 소품이다. 바구니에 가득 담긴 티 코스터는 내가 직접 만든 것도 있지만, 나와 취향이 같은 사람들로부터 선물받은 것이 대부분이다. 각각의 개성과 색깔이 담긴 티 코스터를 볼 때마다 누군가 떠올릴 수 있어서 참으로 감사하다.

차를 떠 담는 티 캐디 스푼 Tea Caddy Spoon, 다양한 모래시계, 찻잎을 걸러 내는 거름망 역할을 하는 티 스트레이너 Tea Strainer, 머그잔 뚜껑과 같은 티 용품 역시 빼놓을 수 없는 소품이다. 하나씩만 있어도 차를 우리는데 전혀 문제가 되지 않지만, 예쁜 컬러의 모래시계라든지, 특이한 디자인의 티 캐디 스푼, 스트레이너가 보이면 나도 모르게 집어 들게 된다. 각각의 티 테이블에 어울리는 소품을 꺼내어 매치하는 재미도 쏠쏠하다. 티타임뿐만 아니라 평소에도 아이들의 장난감이 되어 주는 고마운 티 소품들이다.

  2단 트레이나 3단 트레이, 과일이나 캔디를 담아내곤 했던 굽이 달린 콤포트 Compote, 케이크 스탠드 Cake Stand와 같은 플레이트도 티타임을 돋보이게 만들어 주는 소품 중 하나다. 꽉꽉 채우지 않아도 좋고, 꼭 음식을 담지 않아도 좋다. 때론 꽃을, 때론 마카롱이나 쿠키와 같은 디저트 몇 개를 센스있게 얹어 두기만 해도 테이블 분위기가 확 달라진다. 파라곤 Paragon의 컨트리 레인 Country Lane 2단 트레이는 일상 속에서 애용하는 2단 플레이트다. 과하지 않으면서 아름다운 꽃무늬가 화사한 봄을 연상시켜 어느 테이블 위에 올려 두어도 좋다. 평소에는 장식용으로, 티타임에는 분위기 메이커로 언제나 나의 테이블 위를 빛낸다.

  애초에 우유를 담는 용도로 나온 밀크 저그 Milk Jug에는 때론 꽃을 꽂아 두

파라곤Paragon의 컨트리 레인Country Lane 2단 트레이

더체스Duchess의 준 부케June Bouquet 티포트

기도 하고, 빼빼로와 같이 긴 티 푸드를 담아내기도 한다. 찻잎을 감상할 수 있는 작은 트레이는 깨끗한 화이트도 좋지만, 때론 화사한 플라워 패턴이 가득한 것도 예쁘다. 소박하지만 멋스러운 도자기를 꺼내어 놓기도 한다. 우려낼 찻잎을 미리 감상할 수 있는 용기로 사용하지만, 마카롱 같은 쁘띠 푸르 Petit Four를 담아내기도 좋다. 설탕을 집어 들 수 있는 미니 사이즈의 텅 Tong 역시 테이블의 아기자기한 분위기를 살려 주는 소품이다.

테이블 위를 자유자재로 꾸밀 수 있는 이런 소품들이 난 좋다. 하얀 스케치북 위에 그림을 그리고 색을 입히듯, 테이블을 세팅하고 포인트가 되는 소품을 하나씩 하나씩 채워 가는 순간이 참으로 짜릿하다. 잘 정돈된 플레이트와 찻잔 사이에 놓인 티 소품들이 나의 테이블을 훨씬 빛내 주니까. 이렇게 빛나는 티타임 소품들은 평소에도 나의 집안 곳곳에서 조용히, 특별한 조연 역할을 한다.

## Tip

### 티타임 소품

티 코스터

티 캐디 스푼

밀크 저그

티 스트레이너

텅

머그잔 뚜껑

2단 트레이

모래시계

매일매일 들어도
질리지 않는

패브릭 가방

　난 가방을 참 좋아한다. 누구나 하나쯤은 들고 있는 명품이나 브랜드 가방보다는 누군가가 나를 위해 만들거나 내가 주문해 만든 가방, 사람들이 많이 가지 않는 한적한 골목길 로드 숍에서 우연히 발견한 가방, 인도 여행길 벼룩시장에 걸려 있는 저렴하지만 독특한 색감의 가방, 나의 취향에 꼭 맞으면서도 개성 넘치는 천으로 만든 가방 말이다.
　패브릭과 뜨개질을 좋아하지만 모든 것을 내 손으로 만들기에는 하루가 참 짧다. 물론 앉아서 꼬물꼬물 직접 만드는 홈메이드도 좋아하지만, 취미가 다양하다 못해 잡다한 나에겐 바느질이나 뜨개질은 단지 '소소한 취미거리'에 불과하다. 시간이 오래 걸리거나 재봉틀을 쓸 수밖에 없는 것들은 과감히 포기하고 다른 사람이 만든 핸드메이드 제품을 선택한다. 수많은 핸드메이드 제품 중에 내 취향에 꼭 맞으면서도 개성 넘치는 제품을 고르는 것 또한 취미라면 취미일까.
　그래서 가방은 재봉틀을 잘 다루는 지인에게 내가 원하는 스타일대로 주

문 제작을 하거나 누군가가 소량으로 만들어 놓은 것 중 선택한다. 한국에 있을 때는 재봉틀을 잘 다루고 센스가 뛰어난 언니에게 한 번씩 부탁하곤 했다. 수많은 기성품보다는 누군가 나를 떠올리며 어울리는 원단을 고르고 천천히 만들었을, 하나밖에 없는 나의 가방들. 나에게는 그 어떤 명품보다 만족스럽다. 늘 편하고 심플한 스타일을 선호하는 내게 패브릭 가방은, 자연스럽게 내 스타일을 완성해 주는 소품이다. 패브릭 가방은 가볍고 더러워지면 손쉽게 빨 수 있다. 디자인은 유니크하고 소재는 다양해서 선택의 폭이 넓다.

  언니가 만들어 준 가방 중 내 마음에 쏙 드는 데일리 패브릭 가방이 하나 있다. 큼지막해서 어깨에 메면 자연스럽게 아래로 떨어지는 선이 참 예쁜 가방이다. 양면 가방으로 한쪽은 내가 좋아하는 오렌지 컬러로, 다른 한쪽은 감색 스프라이트로 만든 심플하면서도 세련된 가방이다. 눈에 확 들어오는 다홍색의 복주머니 가방은 쉽게 찾아볼 수 없는 독특한 디자인 덕분에 자꾸만 손이 간다. 게다가 어깨에 딱 밀착되는 느낌이 얼마나 좋은지! 각각 바다색과 분홍색으로 만든 에코백 역시 캐주얼한 옷차림에 포인트로 들기 좋은 가방이다. 마드리드라는 매력적인 이름을 가진 포근한 패브릭의 크로스백은 한국에 잠깐 들어갔을 때 보고 마음에 들어, 인도는 늘 여름이지만 욕심이 나서 들고 왔다. 인도에 온 이후로는 한국에서 쉽게 볼 수 없는

복주머니 가방

양면 패브릭 가방

소재와 디자인의 가방에 눈독을 들이곤 한다. 패브릭의 질이 워낙 좋고 가격도 저렴한 편이라, 특히 여행을 다니면서 하나씩 사 모으는 재미가 쏠쏠하다. 한국에서는 쉽게 만날 수 없지만, 인도에서는 질리도록 자주 볼 수 있는 코끼리 디자인도 참 다양하다. 각양각색의 화려한 무늬와 색감에 절로 감탄사를 내뱉곤 한다.

또 하나의 특별한 패브릭 가방이 있는데, 그건 바로 '좋아서 하는 일'이라는 로고가 새겨진 에코백이다. 내가 인도 첸나이 Chennai에 온 후 가장 처음 받은 국제 택배가 바로 이 에코백이다. '좋아서 하는 일'을 하는 그녀들이 나의 자리를 기억하고 있다는 징표처럼 이 로고가 새겨진 에코백을 인도로 보내 준 것이다. 이곳 인도에서 그녀들이 생각날 때면 한 번씩 꺼내어 메고 나가는데, 봐 주는 이가 없어도 그렇게 자랑스러울 수가 없다. 이 먼 타지 인도에서 한글이 또박또박 적힌 가방을 메고 다니는 것 또한 자랑스러운 일이고 말이다.

그래서 나는 '패브릭 가방'을 포기할 수가 없다. 가볍고 편하고 실용적이면서도 개성을 담아낼 수 있는, 가장 심플하면서도 특별한 나의 소품 가방. 여기서는 주문할 곳이 없어 아쉬웠지만 앞으로 인도에서 만나게 될 또 다른 느낌 충만한 가방들이 그 빈자리를 채워 줄 거라 기대한다.

주부의 특권

## 앞치마 홀릭

집에서 시간을 보낼 때는 반드시 앞치마를 입는다. 휴대폰이 들어갈 작은 주머니 하나쯤은 꼭 달린 예쁜 앞치마. 그날그날의 기분이나 상황에 따라 색깔이나 패턴, 디자인이 다른 앞치마를 입고 주부로서의 시간을 맞이한다. 예쁜 앞치마를 입고 요리하면 왠지 더 맛깔나게 만들어지는 듯하고, 설거지조차 더 빨리 끝나는 것 같다. 이브닝 파티에 갈 때 화려한 하이힐로 스타일을 완성하듯, 주부로서의 마음가짐을 앞치마로 다잡는다.

나처럼 앞치마 홀릭인 친한 언니를 보고 동지를 만난 듯했다. 언니에게 연이어 몇 개의 앞치마를 주문할 때에도 전혀 거리낌이 없었다. "그래, 앞치마가 이 정도는 있어야지~"라며 또 다른 디자인의 앞치마를 권해 주기까지 했으니까. 언니가 만든 짧은 길이의 원피스형 앞치마는 나의 데일리 앞치마 중의 하나다. 살짝 짙은 푸른색의 색감도, 목둘레의 레이스도, 빈티지한 패턴도 어느 하나 나무랄 곳이 없다. 내 허리둘레에 꼭 맞게 제작되어 적당히 핏되는 라인 또한 예술이다. 앞치마 하나로 예술을 논한다는 것이 우스울지 모르지만, 나에게 앞치마란 그만큼 진지하고 중요한 부분이다.

 늘 손에 물이 묻을 수밖에 없는 주부들을 위한 언니의 배려가 담긴 특별한 앞치마가 있다. 레이스를 하나 덧대어 수건처럼 사용할 수 있는 이 짧은 허리 앞치마는 보는 사람마다 탐내는 아이템 중 하나다. 소재부터 디자인까지 기성품으로 나온 앞치마와는 비교할 수가 없다.

 인도에 온 이후로도 앞치마에 대한 집착(?)은 그치지 않았다. 패브릭이나 주방용품으로 유명한 소마 Soma 나 아노키 Anokhi, 홈센터 Home Centre 와 같은 가게에서는 마음에 쏙 드는 앞치마는 찾을 수가 없었다. 그러던 중 칼락세트라 Kalashetra 에서 분기별로 한 번씩 열리는 빅 바자에서 마음에 쏙 드는 앞치마를 찾아냈다. 다양한 색상의 패브릭 콜라주와도 같은 인도 분위기 물씬 나는 이 앞치마는 한화로 4천 원 정도로, 양면으로 사용할 수 있고 크기며 길이도 딱 좋아서 5장이나 사 두고 그날 기분에 따라 골라 입는다. 선물로도 몇 장 사서 한국 친구들에게 선물해 주었는데, 앞치마를 좋아하는 그녀들은 저렴하지만 특별한 인도 앞치마에 활짝 웃어 주었다.

 내가 요리를 좋아하고 홈 파티를 좋아하는 건, 어쩌면 앞치마 때문인지도 모르겠다. 적어도 건강한 홈메이드 음식을 즐겨 먹을 수 있는 좋은 핑곗거

패턴이 강렬한 앞치마. 인도에는 상상도 못할 만큼 강렬한 원색의 패브릭이 많다. 그런 패브릭들이 조화를 이루는 양면 앞치마는 기분 전환을 위해 한 번씩 꺼내어 입게 되는 유용한 아이템. 기분에 따라 빨강, 노랑, 보라, 파랑, 색상의 앞치마를 골라 입는 재미가 쏠쏠하다.

1 홈 파티를 열 때 즐겨 입는 짧은 허리 앞치마. 옷차림을 최소한으로만 가리면서 실용성도 있어서 손님을 초대할 때 적합하다.
2 온몸을 가리는 원피스형 앞치마. 물이나 찻물이 튀기 쉬운 티파티나 티 클래스에 주로 입는다. 큼지막한 주머니에는 티 타월이나 차를 우릴 때 필요한 작은 소품을 담아 둔다. 일종의 작업복인 셈.
3 내가 아끼는 색색의 앞치마

리가 되어 준다는 점에서, 나의 앞치마 홀릭은 계속될 듯싶다. 개인적으로 드레스보다 앞치마를 훨씬 더 좋아한다. 앞치마를 입고 있는 엄마, 아내는 더 예뻐 보일 거라는 건 나만의 착각일지 모르지만 난 그 착각 속에서 행복하게 살고 싶다. 평생 해야지, 앞치마 홀릭!

내가
아끼고
좋아하는

리넨 행주

  햇살 가득한 다이닝 룸을 지나 주방에 들어서면 소리가 들린다. 깨끗하고 뽀득뽀득한 소리, 개운한 소리, 하얀 이미지가 떠오르는 그런 소리. 바로 행주 삶는 소리다.
  일과 중 귀찮지만 빼놓을 수 없는 게 바로 '행주 삶기'다. 흘린 음식물을 닦아 내는 일부터 요리 후 조리대를 닦거나 씻은 과일과 채소, 더불어 그릇의 물기까지, 주방 곳곳에서 쓰이는 행주를 깨끗하게 관리하는 건 일과 중 상당히 중요한 부분을 차지한다.
  행주 중에서도 내가 가장 아끼고 좋아하는 것은 바로 리넨으로 만든 것이다. 리넨 행주는 플레이트와 볼, 유리컵, 와인 잔 등 그릇의 물기를 닦는 데 사용한다. 얼룩도 쉬이 지워지고, 물기도 금세 닦이고, 바람이 잘 통해 햇볕에 걸어 두면 새것처럼 다시 바삭바삭한 느낌으로 나를 맞이해 주는 리넨 행주. 유럽에서는 오래전부터 리넨을 일상생활에서 사용했고 일본은 물론, 요즘에는 우리나라 사람들 사이에도 리넨 마니아가 제법 많다.

우리나라에서는 일본에서 좋은 리넨 제품을 수입해 오는 경우가 대부분이었다. 예전에 일본에 살던 친구가 몇 개씩 보내 준 리넨 행주를 하나, 둘 모아 둔 것이 이제는 제법 되는데, 확실히 그 자연 소재의 촉감이 다름을 느낄 수 있다. 이런 리넨 행주들은 나무로 만든 바구니에 가득 담아 햇살 좋은 창가에 놓아두고 필요할 때마다 하나씩 꺼내어 쓰곤 한다. 사각사각한 그 느낌이 정말 좋아 그릇 닦는 재미가 쏠쏠하다.

인도의 햇살은 언제나 반짝반짝, 하늘은 늘 맑음이다. 내가 가진 리넨 행주들을 바싹 말려 줄 좋은 날씨다. 그 햇살 덕분에 이곳에 머무는 동안은 늘 새것같이 바삭바삭한 리넨 행주를 사용할 수 있겠지. 인도하고도 이곳 첸나이의 푸른 하늘과 쨍쨍한 햇살에 다시 한번 감사하게 되는 순간이다.

## Tip

### 티타임에도 리넨 행주를 활용

티타임이나 간단한 브런치에 바싹 말려 예쁘게 접어 둔 리넨 행주를 하나 집어 테이블 매트로 사용하기도 한다. 각 잡힌 테이블 매트가 찬장에 가득하지만, 가끔은 자연스러운 매력이 있는 리넨 행주를 무심하게 깔고 마시는 차 한 잔, 밥 한 공기가 그렇게 맛날 수 없다.

### 리넨 행주 깨끗하게 관리하는 법

행주를 여러 용도로 사용한다면 용도에 따라 두세 가지 정도로 분류해 두는 것이 좋다. 많이 삶을수록 빨리 닳거나 해지게 되니 음식물이 묻은 테이블이나 싱크대를 닦는 용도와 그릇의 물기를 닦는 용도로 분류해 삶는 횟수를 조절하면 좋다. 음식물을 닦는 행주는 여느 행주처럼 세제를 약간 풀어 푹 삶은 후 바로 찬물로 헹구어 말린다. 수축률도 줄일 수 있고 리넨의 빳빳함도 잘 유지된다. 그릇의 물기를 닦는 정도의 리넨이라면 굳이 삶지 않아도 세탁과 건조만 잘 해 주면 된다. 잘 말린 후 리넨의 자연스러운 구김과 까슬한 촉감을 만끽하자.

분위기에 따라 다른 옷

## 테이블보

    나는 테이블을 참 좋아한다. 그도 그럴 것이 나의 모든 일과 일상이 테이블을 중심으로 이루어진다고 해도 과언이 아니기 때문이다. 차를 마시고, 밥을 먹고, 티 클래스를 하고, 아이들과 책을 읽고, 그림을 그리고, 노트북으로 작업하고…. 그래서 예전부터 나는 테이블을 꽤나 종종 바꾸곤 했다. 어느 정도 사용한 테이블이 지겨워지면 중고 시장에 내놓아 팔고, 새로운 테이블을 사다 놓는다. 번거로울 수 있지만 테이블을 좋아하는 나로서는 즐거운 일이기도 했다.
    그런 테이블은 색감이나 소재, 디자인에 따라 각기 다른 분위기를 선사해 주지만 특별한 옷을 입었을 때야말로 그날의 분위기를 좌우한다. 그래서 언제부터인가 다양한 소재와 색상을 가진 여러 가지의 테이블보를 차곡차곡 모으게 되었다. 홈 파티를 할 때도, 티 클래스나 티파티를 할 때도, 늘 옷을 갈아입듯이 매번 다른 테이블보를 덮어야 수강생들과 손님들이 지루하지 않기 때문이다.

손뜨개로 만든 빈티지 테이블보는 영국의 어떤 할머니에게 우연한 기회에 구입하게 되었다. 내가 가장 아끼는 테이블보 중 하나로 가을의 색을 담고 있다. 지금 나의 다이닝 룸에 놓인 짙은 오크색 테이블과도 참으로 잘 어울린다. 군데군데 천을 덧대어 바느질한 오래된 빈티지 테이블보 역시 세월의 흐름과 함께 손으로 만든 정성이 느껴져 특별하다. 언뜻언뜻 보이는 얼룩마저 사랑스럽다. 너무나 깨끗하고 완벽한 테이블보는 빈티지로서의 매력이 떨어지니까.

직접 만든 테이블보도 상당히 많다. 필요한 색깔과 디자인의 패브릭을 골라 재봉틀로 드르륵 돌리면 완성되는 테이블보. 이런 테이블보는 일상생활에서 꽤 유용하게 쓰인다. 기분이 처질 때는 차곡차곡 쌓아 둔 테이블보 중 하나를 꺼내어 테이블 위에 올리면 한결 나아지기도 한다.

이곳 인도에서 정말 유명한 브랜드 중 하나인 굿 어스Good Earth나 소마Soma는 꽤 다양한 종류의 패브릭을 갖추고 있다. 인도 특유의 패턴과 코튼Cotton의 좋은 품질을 느껴 보는 재미가 쏠쏠하다. 내가 가장 아끼는 테이블 러너Runner는 양면으로 사용이 가능한 굿 어스의 제품이다. 톡톡한 패브릭에 색상도 크리스마스에 잘 어울릴 법하지만 늘 여름인 이곳 인도에서 사계절 내내 사용해도 어색함이 없다.

찻잔도 빈티지를 참 좋아하지만 테이블보나 티 매트, 티 코스터와 같은

 소품도 빈티지를 즐겨 찾는다. 따지고 보면 다른 사람들이 쓰던 물건이지만, 나는 그 속에 은밀하게 담긴 이야기를 상상하는 게 좋다. 사용하던 사람이 쏟아부은 애정과 시간이 더해져 그 물건을 더욱 빛나게 하는 것처럼 느껴진다. 그래서 지금 내가 열심히 사용하고 애지중지 관리하는 테이블보도 언젠가 누군가에게 값진 빈티지 테이블보로 남게 되지 않을까 하는 상상을 해 본다. 나와 함께 한 시간과 추억이 시공을 넘어 내가 모르는 누군가와 공유할 수 있을지도 모른다는 짜릿함.
 그래서 오늘도 난 더욱 정성스럽게 테이블보를 펼치고, 또 정성스럽게 테이블보를 거두어 넣는다.

# Tip

### 이럴 땐 테이블 러너를 활용해요

**테이블보가 부담스러울 때**  테이블보가 익숙지 않아 거추장스럽게 느낄 수 있다. 또, 분위기에 어울리는 테이블보를 찾기 어렵거나 아이가 있어 음식물을 흘릴까 봐 걱정이라면 테이블 러너를 활용해 보자. 레이스 러너, 심플한 단색의 러너 등 소재나 색상에 따라 다양한 분위기의 스타일리시한 테이블을 세팅할 수 있다.

**테이블 자체 질감을 살리고 싶을 때**  나는 다양한 종류의 테이블보로 테이블을 단장하는 것도 좋아하지만, 테이블 자체의 질감을 살리는 것도 참 좋아한다. 나무의 종류나 질감 등을 직접 선택해서 주문한 테이블이라면 더욱 그렇다. 자연스러운 나뭇결이 살아 있는 테이블과 더불어 패브릭의 매치를 살리고 싶을 때는 러너를 활용해 보자.

**아주 특별한 날**  조금 더 완벽하고 특별한 테이블에는 테이블보와 테이블 러너를 함께 세팅한다. 크리스마스 파티라든지, 새해맞이 파티처럼 특별하게 축하하고 싶은 완벽한 테이블 세팅에는 예쁜 드레스에 화려한 귀걸이나 목걸이를 걸어주듯 러너를 골라 테이블보 위에 얹어 준다.

일
상
에
　
위
트
를
　
더
하
는

## 캐 릭 터 소 품

  아이들과 공유할 수 있는 취미가 있다는 것은 참으로 즐거운 일이다. 나의 취미가 아이들의 취미가 되었는지, 아이들의 취미가 나의 취미가 되었는지 모르겠지만 여하튼 나는 아이들과 공유할 수 있는 즐거운 취미거리가 하나 있다. 바로 캐릭터!

  우리 집 곳곳에는 캐릭터가 자리를 차지하고 있다. 신발장 위에는 아이들이 모아 둔 각종 레고와 레고 미니 피규어Mini Figure가, 장식장 안에는 내가 특별히 아끼는 무민Moomin과 이상한 나라의 앨리스 피규어가, 다이닝 룸의 찻장은 플레이모빌이 지키고 있다.

  언젠가부터 레고 미니 피규어 뽑기에 푹 빠진 아이들이 목을 빼고 기다리는 삼촌이 있다. 일명 레고 삼촌이라 불리는 D 군은 나의 오랜 후배인 동시에, 인간관계에서 치일 수밖에 없는 첸나이의 거친 삶 속에서 오아시스와 같은 존재다. 그리고 아이들에게는 미니 피규어 뽑기를 무한정으로 제공해 주는 레고 삼촌이기도 하고 말이다. '드래곤 길들이기', '토토로', '무민' 등

귀염둥이 캐릭터 무민이 그려진 아라비아 핀란드의 플레이트와 컵. 아이들과 함께하는 티타임에 빠질 수 없는 친구다. 아이들은 차 한 모금, 티 푸드 한 입을 즐기며 캐릭터 소품으로 소꿉놀이를 하거나 이야기를 만들며 놀기도 한다.

다양한 캐릭터에 심취한 아이들은 이제 삼촌의 등장으로 레고 미니 피규어 한 가지에 푹 빠져 헤어 나오지 못하고 있다.

캐릭터 푸드나 생활용품처럼 일상에서 수많은 캐릭터를 만나지만 뭐니뭐니 해도 나와 아이들은 무민을 특히 좋아한다. 침구와 가방들, 오르골과 마스킹 테이프까지, 없는 게 없는 무민 소품들은 특히 아이들에게 특별한 영감을 준다. 우리 딸이 가장 아끼는 책 중 하나도 무민이다. 철학적이고 교육적인 내용을 담고 있어 어른들이 읽어도 많은 감동을 주는 그림책이다. 딸과 나는 한 번씩 무민 책을 보며 그림을 따라 그리기도 하고 클레이 Clay로 주인공 무민을 만들기도 한다.

이렇듯 자그마한 캐릭터 소품들은 나와 아이들의 일상에서 수많은 상상력과 영감을 선사해 준다. 아마도 캐릭터 소품 모으기는 평생, 나와 아이들이 함께할 수 있는 취미거리가 되지 않을까, 소망해 본다.

내가 너무나 사랑하는 동화, 《이상한 나라의 앨리스》 피규어. 티타임에 꺼내면 앨리스와 함께하는 숲속 이상한 티타임에 초대받은 듯한 착각이 든다.

유일하게 온 가족이 함께 열광하는 원피스 미니 피규어. 어마어마한 스토리의 일본 애니메이션으로 신랑이 출장길에 하나씩 사온 피규어가 이제 제법 자리를 차지하게 되었다. 그 덕분에 신랑의 출장이 은근히 기다려진다.

그
밖
에
애
정
어
린

소품들

    내가 가진 꽤 다양한 소품을 최대한 생각나는 대로 많이 꺼내 보았다. 사진을 찍으면서 느꼈지만, 이 많은 것들이 도대체 집안 어디에서 다 튀어나왔는지 알 길이 없다. 나와 같은 공간에서 같은 시간을 보내는 소중한 나의 물건들. 물건에 대한 집착은 좋지 않다고 하지만, 나는 이런 것을 집착이라기보다는 애정이라고 부르고 싶다. 애정을 쏟아부으면 더는 평범한 물건이 아닌 게 된다. 앞에서 빠진, 내가 사랑하는 소중한 물건을 덧붙여 소개한다.

**향초** 일상에 향기를 더해 주는 건 차뿐만이 아니다. 건강하고 좋은 향을 더한 향초는 심신의 안정을 가져다 줄 뿐 아니라 집안의 잡내를 정돈해 주는 역할을 한다. 빈티지 촛불 77개는 내가 아끼는 소품 중 하나다. 한국에서는 좋은 향초 재료를 사다가 직접 만들기도 했지만, 인도에 온 이후로는 향초뿐만 아니라 '향'에도 관심을 두게 되어 갖가지 향과 더불어 자잘한 소품에 눈독을 들이게 되었다.

**리퀴드 타이머** 차를 우릴 때 간편하게 휴대폰 타이머를 사용하기도 하지만 대부분 아날로그 감성을 지닌 모래시계를 사용한다. 첸나이에서 만난 참 고마운 인연인 좋은 언니가 두바이 여행길에서 나를 생각해서 사다 준 리퀴드 타이머 Liquid Timer는 나에게는 최고의 티타임 메이트다. 물방울이 방울방울 떨어져 쌓이듯 우리가 함께한 추억들도 방울방울 쌓여 가겠지!

**플래그** 알록달록 화사한 패브릭으로 만든 플래그 Flag는 아기자기한 집 꾸미기를 위한 필수 소품! 플래그 하나로 365일 파티 분위기를 만들 수 있다. 아이 방은 물론이고 거실에서 다이닝 룸으로 들어가는 입구나 스윙 체어 위에 걸어 주었더니 분위기 변신! 우리 집은 매일매일이 파티다.

**드리퍼 거치대** 내가 한국에 잠시 들어간다는 말을 듣고 언니네 부부가 준비한 선물. 드립 커피를 즐겨 마시는 내게 환상적인 소품이 되어 주었다. 자작나무 결을 그대로 살려 심플하면서도 매력적인 드리퍼 거치대는 매일 아침 커피 내리는 시간을 더욱 즐겁게 만들어 주는 나의 잇 아이템. 사용하지 않을 때도 테이블 위에 올려 두면 분위기를 살려 주는 멋스러운 소품이다.

**티타임 일러스트** 나에겐 특별한 티타임 일러스트가 하나 있다. 그것은 바로 한남동 떼오도르 The O Dor 티 숍에서 차를 마시는 우리 딸, 기연의 모습. 프랑스 브랜드인 떼오도르 본사에서 2014년 차의 날 Fête du Thé을 맞아 사진을 일러스트로 제작해 준 것이다. 전 세계 떼오도르 매장에 한 달 동안 이 일러스트가 걸려 있었고, 우리 딸의 일러스트가 담긴 티백도 출시되었다. 그리고 떼오도르 코리아에서는 이 특별한 일러스트를 액자로 만들어 내게 선물해 주었다. 우리 집 티 테이블 옆에는 이 액자가 늘 놓여 있다.

**사진** 우리 집에 찾아온 사람은 누구나 한 번쯤 "사진이 정말 많네요."라는 말을 던진다. 잘 찍지는 못하지만 사진 찍는 걸 좋아하는 나는, 내가 찍은 사진을 종종 인화하곤 한다. 그리고 그 사진들을 하얀 벽에 붙여 놓는다. 아이들의 어렸을 때 모습, 가족사진, 차를 마시는 딸아이의 성장 사진, 첸나이에서 함께 시간을 보내고 있는 사람들의 사진…. 추억을 집안 곳곳에 붙여 놓는 일은 참으로 행복한 일이다.

**냅킨 링** 인도에 와서 특히 눈에 자주 들어오는 것이 바로 냅킨 링 Napkin ring이다. 영국의 영향을 받아 은근히 테이블 세팅과 관련된 물품을 쉽게 찾아볼 수 있는 인도이기에 때론 모던하고, 때론 빈티지하고, 때론 인도풍의 느낌이 물씬 나는 냅킨 링을 만날 수 있다. 특별한 테이블을 준비할 때 빠질 수 없는 매력 만점의 소품.

**손뜨개** 뜨개 바구니를 들고 흔들의자에 앉아, 무릎 담요를 덮고 손을 꼼지락거리는 시간은 겨울에 누리는 소소한 행복 중 하나다. 간단한 패턴을 이어 붙여 티 매트를 만들기도 하고, 무릎 담요나 매트를 만들기도 한다. 복슬복슬한 털실의 감촉을 손으로 가득 느끼는 것만으로도 추위가 물러가는 듯하다.

**티 코지** 특별한 사연이 담긴, 나를 닮은 티 코지 Tea cozy. 티 클래스 수강생 중 인형을 만드는 분이 나를 떠올리며 만들었다며 선물했다. 예전에는 자꾸만 만지다 보니 인형에 때가 타서 고이 모셔두기만 했는데, 요즘에는 나의 티타임에 종종 동참시킨다. 마주 보고 있는 듯한 기분이 들어서 혼자 하는 티타임에 특히 든든한 벗이 되어 준다. 아마도 변치 않는 평생의 다우가 되어 줄 듯하다.

**유리** 티타임에 꽃을 꽂아 두기 좋은 다양한 크기의 유리 화병부터 디저트 플레이트, 쉽게 찾아보기 어려운 스타일의 컵 등 다양한 유리 소품은 특히 무더운 여름날 자주 찾게 된다. 사계절 내내 여름이 계속되는 인도에서 자꾸만 손이 가는 소품이기도 하다. 시원함과 산뜻함을 선사해 주는 특별한 유리 소품들!

A pleasant and happy day

**취향**
**여섯**

Enjoy your work, Enjoy your life

# 그녀들의 취향이 좋다

좋아하는 일을 하며 사는 것처럼 행복한 일은 없다. 자신의 취향을 살려 매일 좋아하는 일을 하며 살아가는, 늘 긍정적인 에너지와 웃음이 가득한 그녀들에게 둘러싸인 나 역시 행복하지 않을 이유가 없다.

# 플라워 케이크 그녀

## 봉봉케이크

베이킹을 배우겠다고 생각한 적은 단 한 번도 없었다. 좋은 재료로 만드는 건강한 빵집을 찾아다니고, 전문적이지는 않아도 스콘 Scone이나 마들렌 Madeleine 같은 빵을 집에서 베이킹할 수 있을 정도의 실력이면 충분하다고 생각했다. 주위에 베이킹을 배우는 사람도, 가르치는 사람도 많았지만 배우고자 하는 욕구도, 필요도 느끼지 못하던 나였다.

그러던 어느 날, 플라워 케이크를 보고 한눈에 반해 버렸다. 버터크림을 이용해 갖가지 꽃을 짜내, 예술 작품 같은 케이크를 만들어 내는 모습을 보고 가슴이 쿵쾅거렸다. 베이킹이라기보다는 하나의 예술 작품을 만드는 과정 같았다. 그때 플라워 케이크를 꼭 한번 배워 보겠다고 다짐했다.

그리고 어느 가을날, 집에서 가까운 곳에서 열리는 플라워 케이크 클래스를 찾기 시작했다. 인터넷으로 몇 군데를 돌아보다 눈에 들어온 곳이 있었다. 바로 '봉봉케이크'. 이름 때문이 아니었다. 누군가에게 자신 있게 케이크를 내보이려면, 최소한 백 개는 만들어 봐야 한다는 다짐 아래 블로그

Beautiful flower cake

 에 차곡차곡 자신의 작품을 올렸던 봉봉케이크의 선생님. 블로그에 올리지 않은 케이크까지 합하면 이 백여 개를 만들었다는 선생님은, 본인이 목표로 잡았던 백 개의 케이크를 완성하자 신기하게도 처음으로 플라워 케이크 수강 요청이 들어왔다고 했다. 여기다. 차근차근 조용히 자신의 실력을 쌓아가는 선생님이라면 믿을 수 있을 것 같았다. 그래서 주저하지 않고 바로 클래스를 등록했다.

 봉봉케이크는 흔히 생각하는 넓은 스튜디오도 아니고, 좋은 도구가 가득한 공간도 아니었다. 처음 만났던 날, 예쁘장하고 시원시원한 성격의 선생님은 "소박한 작업실이지만 내가 가진 노하우는 뭐든 다 가르쳐 드릴게요."라며 당찬 모습을 보여 주었다. 선생님이 그저 믿음직스러웠고 카페 뒤쪽에 자리 잡은 그 작은 공간이 참으로 아늑하고 편안하게 느껴졌다.

 봉봉케이크에서의 4주 클래스는 매번 감동이었다. 일대일 클래스를 진행하는 것도 놀라웠지만, 매번 하나라도 더 많은 걸 알려 주기 위해 서두르는 선생님의 모습이 인상적이었다. 아침마다 따뜻한 커피 한 잔과 선생님께서 직접 만든, 정말 맛있어서 늘 감탄했던 디저트를 담아 주던 모습, 그리고 수업이 끝난 후 깨알 같은 팁들과 사진을 정리해 보내 주셨던 이메일까지…. 더 생생한 꽃의 모습을 만들어 내기 위해 꽃을 배우고, 더 맛있는 빵을 만들기 위해 '르 꼬르동 블루 Le Cordon Bleu'를 등록하시던, 한 발 한 발 차근차근 앞으로 나아가는 선생님의 모습을 보면서 '난 참 선생님 운이 좋아.'라고 매 순간 생각했다.

www.bongbongcake.com

하얀 장미로 깨끗하고 단아한 이미지를 연출한 케이크. 색소를 넣지 않고 하얀색 크림만 사용해서 맛도 더 깔끔하다.

라넌큘러스와 솔방울로 크리스마스 리스처럼 장식한 겨울 시즌 케이크. 보는 것만으로도 겨울이 물씬 느껴진다.

도
자
기

그
녀

## 신경희 작가

　수원 주택가, 한적한 골목길에 자리 잡은 '토리'는 신경희 작가의 도자기 작업실이다. 처음 신경희 작가의 작업실을 방문했을 때, 작업실 한편에 자리 잡은 찻자리를 보고 잔잔한 감동을 받았다. "선생님께 차를 우려 드리려니 너무 떨리네요."라며 수줍게 미소 짓던 신경희 작가는 능숙한 손놀림으로 맛 좋은 차를 우려 주었다.
　그 뒤로도 나는 여러 번 그녀의 다기를 구경하기 위해, 혹은 그녀가 우려 낸 차 한 잔을 마시기 위해 그곳에 종종 찾아가곤 했다. 갈 때마다 새롭게 자리한 도자기들은 작가의 색깔이 담뿍 담겨 있었고, 하나같이 마음에 와 닿아 손에 넣고 싶었다. 내가 그녀의 도자기에, 토리에 매료된 것은 그녀가 단순히 다기를 만드는 도자기 작가가 아니라, 차를 사랑하는 다기 작가이기 때문이다.
　세상을 살아가며 가슴 깊이 느끼는 것 중 하나는, 기본을 지키며 살아간다는 게 참 쉽지 않은 일이라는 사실이다. 기본이란 모든 것의 기초와 근본

인데, 그 기본 없이도 승승장구할 수 있고, 세간의 주목을 받을 수도 있는 것이 지금 이 시대인 것 같다는 생각을 가끔 한다. 세상에 워낙 다양한 사람과 다양한 가치관이 있기에 누가 옳고 그르다는 이야기는 할 필요도, 할 이유도 없다. 하지만 적어도 어떤 분야에 몸을 담고 있다면 그에 대한 기본은 잘 닦여 있어야 한다는 게 내 생각이다. 그리고 토리의 도자기는 처음 본 순간부터 애용하는 지금까지도 변함없이 그 기본에 충실해서 사랑하지 않을 수 없다.

   토리의 도자기는 하나같이 단아하고 깨끗해서 질리지 않고 오래도록 사용하기에 참 좋다. 게다가, 차를 좋아하는 그녀답게 자신의 도구로 직접 차를 우려 보고 마셔 보며 만든 터라 실용성까지 겸비했다. 다관 뚜껑을 여는 순간부터 차를 우려내고 차를 따르기 위해 손을 뻗어 잡는 손잡이의 위치, 그리고 흘러나오는 찻물의 물줄기까지 심사숙고해서 정성껏 만들어 낸, 그런 토리의 다기는 군더더기가 없어 사용하기 참 편리하다. 덕분에 매일의 찻자리에는 늘 토리의 도구와 함께한다. 비단 나뿐만이 아니다. 일상찻집을 찾아온 수강생이나 친구들 앞에 꺼냈을 때, 누구나 감탄하며 탐내는 다기가 바로 토리의 도자기들이다.

   가장 처음으로 주문해서 들인 토리의 백자 다관 세트는 나의 일상찻집에

토리에서 가장 향긋한 공간. 차가 일상인 그녀가 작업 중 쉬어가기 위해 한편에 만들어 둔 특별한 공간이다.
테이블 위에 올려 둔 커다란 도자기 그릇과 나무 판 역시 그녀의 아이디어.

나뭇결을 그대로 표현하여 만든 다관은 아이들이 가장 좋아하는 도자기 중 하나다.
뚜껑에 살포시 내려앉은 무당벌레는 아이들의 좋은 다우가 되어 준다!

다양한 색감, 다양한 크기의 다반(다관을 올려놓고 차를 우릴 때 물을 버릴 수 있는 접시) 역시 이곳에서 탐나는 아이템이다.

자유롭게 날아다니는 나비를 모티브로 한 홍차 다관 세트. 다양한 나비 패턴과 신비로운 푸른색의 색감에 눈을 뗄 수 없다.

서 가장 자주 사용하는 다기이다. 다관 뚜껑에는 어느새 찻물이 배어들었고 신경희 도자기, 토리의 다관을 잡는 나의 손길이 자연스럽다. 수없이 입을 맞춘 찻잔도 우리 가족의 손에 가장 익숙하다.

 일상 속 찻자리에서 따스한 감동을 전해 주는 신경희 작가, 토리의 도자기는 언제나 변함없는 나의 다기로 자리 잡았다. 차를 향한, 다기를 향한 그녀의 마음이 고스란히 묻어나는 토리의 다관과 찻잔은 나의 차 생활을 더욱 풍요롭게 채워 주는, 진정한 다우 중 하나다.

blog.naver.com/ceramictory

## Tip

### 신경희 작가의 백자 다관 세트

단아하고 깔끔한 백자 다관 세트는 매일 차를 우려 마셔도 질리지 않는 일상의 찻자리에 더없이 잘 어울린다. 나 역시 매일 갖는 찻자리에 신경희 작가의 백자 다관 세트를 올려 두고 이곳에 거의 매일 차를 우려 마신다. 작가가 차를 직접 우려 마시며 우리기 가장 편한 다관을 만드는 만큼, 손쉽고도 능숙하게 차를 우려낼 수 있다. 하얗고 깔끔한 백자 다관에 은근하게 찻물이 배어드는 모습을 지켜보는 재미도 쏠쏠하다.

건
강
한

비
누

그
녀

로하솜

   해맑게 웃는 모습이 참 예쁜 그녀, 이도연 선생님. 몸도 마음도 건강한 삶을 지향하는 당차고 알찬 '로하솜LOHASOM'의 대표다. 처음 만났을 때부터 웃는 모습이 정말 예뻐서 왠지 모르게 끌렸던 그녀는 '비누가'라는 브랜드로 시작해 'TWW Time Works Wonders'라는 브랜드의 코스메틱, 프래그런스&아로마Fragrance&Aroma 사업까지 멋지게 이끌어 가고 있다. 나보다 한참 동생이지만 나이 같은 건 중요하지 않다. 얼마나 진솔하고 얼마나 열정적인지, 그리고 또 자신이 걸어가는 길을 얼마나 잘 아는지가 관건일 뿐.

   '비누가'는 탈모와 피부염으로 고통받는 딸을 위한 엄마의 마음에서 탄생한 브랜드다. 자식을 생각하는 엄마의 애틋한 마음과 사랑에서 시작한 만큼 순수하고 또 건강한 제품을 만들고 있다. '좋아서 하는 일'에서 처음으로 만난 이도연 선생님은 그렇게 맑고 깨끗한 이미지로 내게 다가왔다. 아로마에 꽤 민감한 나는, 작은 공간에서 종일 향초의 은은한 향을 맡으며 참 좋은 재료를 사용한다는 것을 직감할 수 있었다. 같은 오일이라도 품질이

기능이 뛰어난 비누가의 각종 비누. 한번 써 보면, 분명히 다시 찾게 된다.

캔들 재료로 만든 방향제 겸 데코 소품. 잘 말린 꽃잎과 에센셜 오일만 있으면 간단히 만들 수 있다. 소이 왁스를 녹여 좋아하는 향의 오일을 첨가해 몰드에 넣고 말린 꽃과 과일로 장식해 잘 굳힌다. 후각적으로도, 시각적으로도 너무나 아름다운 방향제이다.

천차만별이라 좋은 것과 그렇지 않은 것은 확연히 차이가 난다.

그래서 천연 비누라고 해도 어떤 재료를 사용했느냐에 따라 퀄리티가 달라져서 실제로 사용해 보거나 검증되지 않은 천연 비누를 함부로 사용하지는 않는다. 내 몸은 소중하니까. 하지만 이날 이곳의 향초를 직접 경험해 본 나는 보습과 영양, 세정에 좋다는 비누가 숯 에센셜 Essential 비누를 바로 구매했고, 지금까지도 그 비누 하나로 온 가족이 세안과 샤워 모두를 해결한다. 그녀만의 남다른 노하우가 제법 까탈스러운 손님인 나에게 감동을 줬다고나 할까.

비누가 뿐만이 아니다. TWW 향초와 오일, 천연 화장품도 건강함과 진솔함을 그대로 담고 있다. 말하지 않아도, 복잡한 수업을 듣지 않아도, 로하솜의 향초 하나와 목욕 소금만 있으면 저절로 아로마 테라피가 되는 나를 발견할 수 있다. 자신이 가야 할 길을 잘 알고 있다는 것, 그리고 그 길을 고집한다는 것이 쉽지 않은 일이라는 것을 잘 알기에 로하솜을 만날 때마다 감동한다. 늘 새로움을 추구하면서도 본래의 가치관을 잊지 않고 탄탄하게

길을 다져 가는 그녀를 볼 때마다 박수를 보내고 싶다.

   지리적으로 먼 거리에 있어 자주 만나지 못하지만 만날 때마다 그녀의 열정을 한껏 느끼고 돌아올 수 있었다. 넘치는 열정과 긍정 에너지 덕분에 다른 사람의 에너지까지도 꽉꽉 채워 줄 수 있는 점이야말로 그녀의 가장 큰 장점이다. 비누와 향, 아로마테라피에 대해서 끊임없이 공부하고 또 연구하는 그녀의 건강한 발걸음을 진심으로 지지하고 또 닮고 싶다.

itimeworkswonders.com

## Tip

### 로하솜의 라벤더 비누

세정, 보습, 각질 제거, 피지 정리를 한번에 해 주어 직접 써 본 후부터는 이 비누만 찾게 된다. 로하솜의 마음을 믿기에, 제품을 믿기에 강력하게 추천한다. 라벤더 비누 하나로 얼굴 세안은 물론 몸도 씻을 수 있어 편리하다. 세정력도 좋고 보습, 영양에도 그만인 라벤더 비누, 보송보송하고 부드러워진 피부를 느끼는 순간, 벗어날 수 없게 된다!

패
브
릭
그
녀

네르하 순

늘 언니나 오빠가 있는 친구가 부러웠던 나에게는 친언니 못지않게 나를 위해 주고 매사 나와 잘 맞는 언니가 하나 있다. 함께 추억과 시간을 공유한 지 벌써 15년이 훌쩍 넘었다. 눈빛만 보아도 무얼 원하는지 알 수 있고 꿈과 미래를 함께 공유할 수 있는 그녀는, 나처럼 새로운 취미에 끊임없이 관심을 두고 인생을 즐길 줄 아는 주파수가 잘 통하는 친구이기도 하다.

스윙 댄스, 기타, 도자기, 커피, 사진…. 취미를 통해 인생의 중요한 전환점을 맞았던 만큼 다양한 취미를 즐겼던 그녀는, 이제 한 가지 취미를 인생의 길로 삼아 자신의 색깔을 입혀 가고 있다. 그녀는 옷과 액세서리, 가방과 신발 등 패션에 관심이 많고 특히 컬러 감각이 좋았다. 자신의 감성을 가득 담은 '네르하 순 NERJA, soon'이라는 브랜드를 만들어 옷과 소품, 앞치마, 가방, 테이블 매트 등 패브릭으로 만들 수 있는 모든 것을 창조해 내고 있다.

'네르하 Nerja'는 스페인에서 가장 아름다운 도시로 손꼽히는 도시 중 하나로, 그곳을 여행한 기억을 잊지 못하는 그녀가 늘 꿈꾸는 낙원과도 같은

편안하면서도 세련된 라인의 블루 리넨 원피스

자연스러운 구김과 멋스러운 색감이 일품인 네르하 순의 맞춤형 리넨 옷. 착용감이 정말 편한 통바지와 편한 건 물론 나만의 개성도 살릴 수 있는 원피스는 매일매일 손이 가는 아이템이다.

곳이다. 그리고 '순'은 순수함을 뜻함과 동시에 'soon', 임신했을 때 아기와 '곧' 만날 날을 기다리며 붙인 태명이다. 엄마로서 새로운 삶을 시작하며, 그로 인해 큰 영감을 받았던 그녀가 선택한 멋진 이름이다.

재봉틀 하나만 있으면 그녀가 원하는 스타일을 그 어디에도 구애받지 않고 자유롭게 만들어 낼 수 있다는 사실이 무엇보다 매력적이었을 것이다. 그 누구보다도 센스 넘치는 색감과 스타일, 그리고 편리함까지 갖춘 네르하 순의 앞치마와 가방은 내가 가장 좋아하는 아이템이다. 스페인 연수 시절에 만난 네덜란드 친구가 그 먼 곳에서 탐내던 네르하 순의 가방. 패셔니스트이자 스타일리스트인 친구에게 네르하 순의 가방을 선물한 적이 있다. 친구의 주위 모든 사람이 엄지를 들어 올리며 가방을 칭찬했다고, 나의 친구는 무척이나 고마워하고 또 뿌듯해했다.

원피스처럼 위로 올려 입을 수 있고 큰 주머니가 있는 길고 넉넉한 작업용 앞치마는 여러모로 유용하고 편했다. 평소에는 원피스처럼 입고 지낼 수 있어 집 앞에 잠깐 외출할 때도 편했고, 홍차 클래스를 할 때는 손에 물을 자주 묻혀야 하는데 손을 닦기도 편했다. 일반 앞치마와 달리 스타일리시해서 클래스할 때 입으면 깔끔하고 세련돼 보여 좋았다. 연베이지와 청색으로 하나씩 구비해 지금까지도 매일매일 잘 입고 있다. 진주에서 카페를

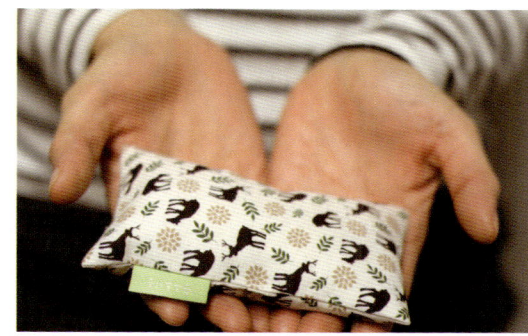

어른뿐만 아니라 아이들을 위한 귀엽고 앙증맞은 아이템도 빼놓을 수 없다.

하는 수강생 한 분은 클래스에서 네르하 순의 앞치마를 보고 몇 개나 구입해 가기도 했다. 세계로, 전국으로 뻗어 나가는 네르하 순이다.

언니가 아기를 낳은 후 네르하 순의 아이템은 더욱 다양해졌다. 아이들의 방한을 위한 스카프빕과 목도리 겸 모자, 속싸개와 기저귀 파우치, 유아용 담요와 가방 등 점점 더 다양해지는 아이템과 네르하 순만의 스타일&색감은 늘 기대 만점이다.

또 한 가지, 웨딩·만삭·돌 촬영을 모두 직접 할 만큼 순간을 포착하는 사진 찍기를 좋아하는 그녀는 네르하 순의 모든 제품을 직접 착용하고 촬영해서 네르하 순만의 색깔을 확실하게 보여 준다. 이 모든 것은 정말 좋아해야만 할 수 있는 일이기 때문에 그녀의 행보는 마냥 신이 나고 즐겁다. 네

르하 순의 가방을 메고, 앞치마를 입고, 파우치를 들면 그 신바람이 느껴진다. 그래서 난 자꾸만 네르하 순의 패브릭을 찾게 된다.

blog.naver.com/cafenerja

## Tip

### 네르하 순의 샬롯 원피스 앞치마

네르하 순에서 내가 가장 좋아하는 제품은 단연 앞치마이다. 그중에서도 원피스형 앞치마! 샬롯 원피스 앞치마는 살짝 빛바랜 듯한 그린 그레이와 사랑스러워 반하지 않을 수 없는 살몬 핑크의 욕심나는 두 컬러가 눈길을 확 사로잡았다. 이런 앞치마를 입고 밥하고 설거지를 하면, 예쁜 주부가 된 듯한 착각에 빠져 절로 콧노래가 나온다. 집안일도 예쁘게 입고 하자고요!

티
블
렌
딩
그
녀

## 이유주 선생님

　고즈넉한 찻자리, 한 번 맛보면 누구나 반할 수밖에 없는 귀한 중국차들, 전통의 아름다움을 그대로 간직한 개완, 그리고 자사호 같은 중국 다구들…. 그녀의 집은 나에게는 무릉도원과 같다. 맛 좋은 중국차뿐만 아니라 형용할 수 없을 만큼 아름다운 갖가지 자연의 색과 효능을 더한 그녀만의 블렌딩 티, 그리고 찻잎을 활용한 다양한 요리를 즐길 수 있다. '티 블렌딩'이라는 말로 그녀의 행보를 다 포괄할 수 있을지 의문이지만, 분명 그 분야에 새로운 한 획을 그었다는 사실만큼은 부인할 수가 없다.

　차뿐만 아니라 차를 활용한 여러 가지 음료, 그리고 요리까지 넘나들며 블렌딩의 진수를 보여 주는 그녀, 이유주 선생님. 연구에 연구를 거듭해 터득한 귀한 레시피라 해도 차를 사랑하고, 요리를 사랑하고, 배우고자 하는 열정만 있다면 그 누구에게나 서슴없이 나누어 주는 그 넉넉한 마음까지도 사랑하지 않을 수 없다.

　봉황단총 자몽청, 색깔 설탕, 생강고, 쌍화청, 과일 젤리…. 언뜻 듣기에는 평범한 듯하지만, 그녀가 만든 모든 요리와 음료에는 '차'가 들어간다. 그래서 특별하다. 단순히 차를 넣어 차향이 묻어만 나게 하지 않고, 음양의 조화를 생각해 더 담백하고 건강한, 몸에 맞는 음식으로 재탄생시킨다.

  처음 그녀를 보았을 때는 강한 인상과 세련된 외모에, 살림이라고는 전혀 모르는 프로페셔널한 워킹 우먼이라고 생각했다. 하지만 이런 타고난 살림꾼이 또 있을까! 아니, 살림까지는 모르겠지만 요리 실력이 타고난 것은 분명하다. 다양한 중식과 한식을 섭렵했을 뿐만 아니라, 그녀의 사찰 요리는 한 번 맛을 보면 잊을 수가 없다. 그리고 우엉차, 연근차, 도라지차와 같은 각종 대용차와 국화꽃차, 생강꽃차 등 다양한 꽃 차를 직접 만드는데, 시중에 파는 것들과는 비교도 할 수 없을 맛이다. 엄마의 마음을 담아 만든 그녀의 다양한 티 블렌딩 아이템들은 홍대 중국차 카페 'Yinya'에서 만나

유자에 봉황단총 찻잎을 넣고 잘 말려 은은한 유자의 향기와 봉황단총의 향긋함이 자연스레 어우러진 멋스러운 차. 집에서 갖가지 차를 직접 만드는 이유주 선생님이 먼 길 떠나는 내 손에 안겨 주었던, 잊지 못할 만큼 아름다웠던 차이다.

볼 수 있다.

    배움에 끊임없는 실습이 더해져 일상이 된 그녀의 요리와 차는 그 누구와도 비교할 수 없다. 게다가 즐거움까지 더해졌으니 더 말할 필요조차 없다. 차 한 잔으로, 요리 한 접시로, 모두를 행복하게 만드는 이유주 선생님의 티 블렌딩은 지금껏 그 누구도 해내지 못한, 삶 속에 온기를 불어넣어 주는 특별한 레시피임이 틀림없다.

dakeum62.blog.me

힐
링
테
이
블
그
녀

베 지 어 클 락

    엄마가 아이들에게 인기가 많아지려면 무엇보다도 맛있는 간식을 척척 만들어 낼 수 있어야 하지 않을까. 아이 둘의 엄마라고는 도저히 상상할 수 없는, 아가씨처럼 새초롬하고 예쁜 얼굴과 늘씬한 몸매를 가진 베지어클락의 김문정 선생님. 벌써 그녀만큼 큰 키의 아들과 귀염둥이 딸내미까지 둔 엄마다. 아이들이 수시로 엄지를 들어 보이는 채소 요리 전문가이자 채식 베이킹 파티시에이기도 하다.
    그녀는 채소 요리 전문가로 요리는 물론 건강한 비건 베이킹 Vegan Baking 의 달인이다. 『블루밍 샐러드』라는 책을 내기 훨씬 전부터 채소 요리와 베이킹, 주스와 스무디, 로 푸드 Raw Food 를 널리 알렸다. '베지어클락' 스튜디오를 열기 훨씬 전부터 그녀의 일상은 건강한 홈메이드 채소 요리로 가득했다.
    엄마이고, 차를 좋아하고, 찻잔과 그릇을 좋아하고, 건강하고 맛있는 음식을 좋아하는 등 공통점이 많아 우리는 잘 통했다. 한동네에 살게 되면서 참 많이 의지하고 위로가 되는 언니 동생 사이로 지냈다. 오랜 시간을 함께

했기에 서로 걸어온 길을 되돌아보며 잘했다고 칭찬해 주고 앞으로 나아갈 힘이 되는 응원의 말을 아낌없이 던져 주는 진정한 지지자. 그리고 무엇보다도 차 한 잔 함께하기에 더없이 좋은 언니, 나에게 그녀는 그랬다.

　베지어클락을 더욱 자주 들락거리게 되었던 건, 그곳에서 빵 굽는 냄새가 솔솔 나기 시작했을 때부터다. 디저트와 빵이 가득한 베지어클락은 차 한잔 마시러 가기 참 좋은 공간이다. 언제나 달콤하고 구수한 향기가 끊이지 않고 내 취향의 차도 한가득이었다. 맛있는 빵을 구우면 초대해 주고, 놀러 가고 싶다면 맛있는 케이크를 구워 주는 베지어클락은 나만을 위한 특별한 카페와도 같았다. 게다가 베지어클락의 모든 베이킹은 건강하니까.

　아이들을 위하는 엄마의 마음이라면 그보다 더 건강할 수는 없을 것이다. 그녀는 빵과 쿠키에 들어가는 모든 재료를 일일이 직접 만들어 사용한다. 미숫가루 스콘은 몸에 좋은 오곡을 직접 빻아 만들고, 애플 쿠키는 사과를 일일이 썰어 졸여 만든다. 카카오 함유량은 많고 설탕 함유량은 낮은 좋은 품질의 초콜릿을 넣어 만든 브라우니와 손으로 열심히 치댄 반죽으로 만든 시골빵도 있다. 마카롱은 색소를 최소한으로 사용하고 질 좋은 바닐라 빈을 듬뿍 넣어 만들며, 실온에서 금세 녹아버려도 100% 생크림으로 케이크를 만든다. 일일이 열거하자면 끝이 없는 베지어클락표 빵과 쿠키에는 엄마의 정성과 사랑, 손맛에 좋은 재료를 선별할 줄 아는 전문성까지 더해졌다. 그야말로 최고의 파티시에가 아닐 수 없다.

수고로움을 마다하지 않고 최고의 재료를 사용해 사랑하는 사람들을 생각하며 만들어 낸 빵과 쿠키는 집이 아닌 곳에서는 결코 찾아낼 수 없는 보물과도 같다. 그런 소박하면서도 정겨운 맛이 그리울 때면 난 베지어클락을 찾는다. 엄마의 손맛이 생각날 때, 누군가에게 어리광을 부리고 싶을 때, 빵으로 위로받고 싶을 때…. 베지어클락의 갓 구운 스콘과 손 반죽 도우에 오랜 시간 끓여 만든 토마토소스, 직접 말린 토마토와 채소, 치즈를 듬뿍 얹어 만든 피자, 그리고 그 어떤 슬픔과 우울, 외로움도 한 방에 날려버릴 달콤한 디저트를 즐기면 그 순간만큼은 어린아이로 돌아간다. 엄마의 손맛에 행복해지는 해맑은 어린아이처럼, 베지어클락이 주는 행복을 만끽한다. 지금 당장 달려가고프다.

www.vegeoclock.co.kr

초콜릿 그녀

나니스쇼콜라

    요리도, 빵과 과자도 좋은 재료로 만든 것은 무언가 다르다. 나를 위해서, 가족을 위해서 사랑하는 누군가를 위해서 질 좋은 재료만 선별하여 만든 초콜릿 역시 특별하다. 일찌감치 '진짜' 초콜릿에 눈을 뜬 우리 집 아이들은, 카카오 함량이 높은 다크 초콜릿도 마다하지 않고 즐긴다. 그런 아이들과 초콜릿을 먹다가 문득 초콜릿을 더 알고 싶다는 생각이 들었다. 초콜릿의 마법에 폭 빠져 보고 싶었다.

    내가 번역한 수많은 영화 중 가장 기억에 남는 것도 다름 아닌 '초콜릿'이다. 쥘리에트 비노슈 Juliette Binoche와 조니 뎁 Johnny Depp 주연의 영화로, 쥘리에트 비노슈가 실크 같은 초콜릿을 신비로운 손놀림으로 휘젓던 그 매혹적인 장면을 잊지 못한다. 초콜릿으로 만든 모든 것을 예찬하게 하는, 초콜릿 하나로 모두가 행복해지는 마법 같은 영화이다. 그 영화를 몇 번이나 반복해서 보았는지 모른다. 나도 그런 초콜릿을 만들어 보고 싶었다.

    차를 배우기 위해 일상찻집에 찾아왔던 수강생 한 분이 연결해 준 참 고

# Chocolate recipes

입에서 살살 녹는 가나슈. 생초콜릿을 만드는 과정. 다크초콜릿을 녹여 생크림과 잘 섞은 후 차갑게 굳혀 잘라 낸 뒤, 카카오 파우더를 적당히 묻혀 완성한다. 부드러우면서 달콤 쌉싸름한 매력의 가나슈는 내가 가장 사랑하는 초콜릿 중 하나다.

마운 인연. 베이킹이면 베이킹, 초콜릿이면 초콜릿, 이제는 차까지 섭렵했다. 열정적인 그녀는 프랑스에서 일하면서 베이킹을 더 배워 돌아오겠다며 배움을 향해 떠났다. 지금 이 순간도 프랑스 파리에서 새로운 경험을 누리고 있다. 바로 그녀가 나에게 참 좋은 초콜릿 선생님, 나니스쇼콜라를 소개해 주었다. 그곳에 처음 방문했을 때가 기억난다. 좁고 긴 계단을 올라갔을 때 여느 초콜릿 숍처럼 반짝반짝 빛나거나, 환상적이거나, 매력적이지는 않았지만 그 작고 평범한 공간에서는 아주아주 달콤하고 진한 초콜릿 향기가 묻어나는 듯했다.

머리끝부터, 발끝까지, 초콜릿에 대한 애정이 묻어나던 나니스쇼콜라. 그녀에게 초콜릿 클래스를 듣고, 난 훨씬 더 풍요롭고 행복한 초콜릿 생활을 즐길 수 있게 되었다. 질 좋은 초콜릿을 훨씬 더 부드럽고 풍부하게 즐길 수 있는 방법을 배우고 나와 아이들 모두 달콤한 초콜릿과 사랑에 빠지게 되었다. 아침에 공방에 도착하면 늘 달콤한 초콜릿이 준비되어 있었고 초콜릿을 나누어 주고 초콜릿에 대해 하나하나 상세히 설명해 주던 그녀에게서는 초콜릿을 향한 무한한 애정이 느껴졌다. 초콜릿에 대한 모든 것을 가르쳐 주고 싶어 했던 그녀의 열정 덕분에 난 제대로 초콜릿에 흠뻑 빠져버렸다.

한 번은 한국을 잠시 떠나게 된 나와 아이들을 공방으로 초대해 마음껏 초콜릿을 즐길 수 있는 기회를 주기도 했다. 아이처럼 해맑은 그녀는 아이들을 위한 초콜릿 클래스를 종종 연다고 한다. 칼리바우트Callebaut 초콜릿을 잔뜩 녹여 아이들 손으로 직접 빼빼로를 만들 수 있게 해 주었는데, 지금까지도 아이들이 종종 이야기하는 잊지 못할 추억이다. 얼굴과 손가락, 온몸에 초콜릿을 묻혀 가며 초콜릿에 폭 빠질 수 있던 시간이었다. 모든 핸드메이드가 그렇듯 마지막 과정인 포장까지 완벽히 즐기게 해 주었던 것도 기억에 남는다. 초콜릿과 늘 함께여서 그런지 한없이 달콤한 그녀다.

www.cacaotree.co.kr

## Tip

### 나니스쇼콜라의 아망드쇼콜라

고소한 통아몬드와 캐러멜, 그리고 진한 다크초콜릿의 환상적인 만남! 먹어도 먹어도 자꾸만 손이 가는 매력 만점의 초콜릿이다. 누가 먹어도 엄지 척을 선보이는 나니스쇼콜라의 아망드 쇼콜라는 선물용으로도 그만이고, 풍미 좋은 초콜릿을 사용한 만큼 가족들과 함께 즐겨도 좋다.

꽃
그
녀

## 아뜰리에 슈크레

아뜰리에 슈크레 윤서영 플로리스트의 꽃에서는 소녀의 감성이 한가득 묻어난다. 아니, 때론 농염한 여인의 향기가 묻어나기도 한다. 때론 순수하게, 때론 자연스럽게, 때론 컬러풀하게, 때론 과감하게…. 변화무쌍한 그녀의 꽃을 보고 있으면 마음이 한없이 행복해진다. 보는 사람을 행복하게 해 주는 그녀의 향기로운 행보를 난 늘 부러워한다.

꽃을 처음 만났을 때에는 프랑스 스타일보다 깔끔하게 정돈된 영국식 스타일에 끌렸다. 왠지 너저분해 보이고 정돈되지 않은 프랑스 스타일이, 나에게는 아름답기보다는 조금 불편해 보였다고나 할까. 그런 나에게 프렌치 스타일의 아름다움을 처음으로 느끼게 해 준 사람이 바로 아뜰리에 슈크레에서 '보니쌤(윤서영 플로리스트)'이었다. 환한 웃음과 함께 사심 없이 건네주던 작은 꽃다발 하나에 담긴, 꽃보다 더 아름다웠던 그녀의 마음이 그대로 전해졌는지도 모르겠다. 그다음부터는 그녀의 프렌치 스타일을 눈여겨보기 시작했고, 어느 순간 그 매력에 푹 빠지게 되었다.

Their

flowers are

good

각양각색의 꽃들이 서로의 아름다움을 뽐내며 흩어져 있다. 무심히 꽂은 듯하지만 그 안에서 찾을 수 있는 자연스러운 아름다움이 좋다. 프렌치 스타일의 어렌지먼트 Arrangement

청초한 순백의 꽃다발, 큼지막한 연분홍빛 작약, 싱그러운 그린을 가득 품은 내추럴 꽃바구니, 더없이 사랑스러운 봄 향기 가득한 노란 꽃들, 가을 햇살을 닮은 오렌지빛 달리아를 품은 꽃묶음, 우아하고 고상한 바이올렛의 리스, 파스텔 톤의 색감이 사르르 녹아버릴 듯한 아이스크림 부케…. 그녀의 꽃은 셀 수 없이 다양하지만 늘 같은 목소리로 노래한다. 인생은 아름답노라고.

아름다운 꽃을 늘 곁에 두고 있어 그런지 몰라도 아뜰리에 슈크레의 그녀는 꽃처럼 아름답고, 향기롭고, 순수하다. 꽃을 이야기하는 그녀는 사랑스럽고, 꽃과 함께하는 인생을 이야기하는 그녀는 순수하다. 꽃잎만큼 여린 그녀가 꽃과 함께 걸어가는 그 길이 쉽지만은 않지만, 꽃이 있기에 그 모든 것들을 이겨 내고 향기롭게 마무리하는 것 같다는 생각을 한다. 다른 이들과 똑같이 많은 고통과 아픔, 도전과 슬픔이 어우러진 인생이겠지만 꽃을 곁에 둔 그녀는 그 길을 늘 아름답게 변화시키곤 한다. 내가 힘든 일이 있을 때 차 한 잔으로 위로받듯, 그녀는 꽃으로 위로받는다. 그리고 그 꽃으로 또 다른 이들을 위로한다.

내가 마음을 나누는 모든 사람들이 그렇듯, 아뜰리에 슈크레의 그녀 역시 꽃을 진심으로 사랑하고, 때묻지 않은 순수함과 더불어 그 길을 즐기는 사람이다. 좋아하지 않으면, 즐기지 않으면, 그것은 인생에서 의미를 잃게 된다고 말하는 그녀. 나에게 언제나 힐링과 위로가 되는 그녀가 늘 지금처럼, 꽃처럼, 아름다웠으면 좋겠다.

나를 위한 티타임부터 소중한 사람과 함께하는 티타임까지
작은 사치 소소한 행복